“学验并重”模式下金融实验教学研究

主　编　张　云

副主编　程丽萍　吴　洁

中国财经出版传媒集团

中国财政经济出版社

图书在版编目（CIP）数据

“学验并重”模式下金融实验教学研究 / 张云主编
. --北京 : 中国财政经济出版社，2021.5
ISBN 978-7-5223-0469-4

Ⅰ.①学… Ⅱ.①张… Ⅲ.①金融学-实验教学法-研究-高等学校 Ⅳ.①F830

中国版本图书馆CIP数据核字（2021）第057654号

责任编辑：苏小珺　　责任校对：胡永立
封面设计：育林华夏　　责任印制：党　辉

中国财政经济出版社 出版
URL：http://www.cfeph.cn
E-mail：cfeph@cfeph.cn

社址：北京市海淀区阜成路甲28号　邮政编码：100142
营销中心电话：010-88191522
天猫网店：中国财政经济出版社旗舰店
网址：https://zgczjjcbs.tmall.com
北京财经印刷厂印刷　各地新华书店经销
成品尺寸：185mm×260mm　16开　10.5印张　195 000字
2021年5月第1版　2021年5月北京第1次印刷
定价：50.00元
ISBN 978-7-5223-0469-4
（图书出现印装问题，本社负责调换，电话：010-88190548）
本社质量投诉电话：010-88190744
打击盗版举报热线：010-88191661　QQ：2242791300

前　言

随着大数据、云计算、区块链、人工智能等新兴技术在金融行业的创新应用，我国金融行业生态正在发生深刻变革，金融产品和金融工具的设计开发方式发生了颠覆性的变化。金融和科技的深度融合催生了金融新业态和新模式，同时金融业发展呈现全球化、市场化、信息化和微观化的特点，这些变化对高校金融人才知识应用和实操能力培养提出了新的更高要求。为适应当下金融业的飞速发展，高校金融专业人才培养和教育教学改革势在必行，而实验教学已逐步成为人才培养中不可替代的途径和手段。

上海立信会计金融学院是一所会计、金融特色鲜明的公办全日制普通高等学校，学校被业界誉为未来金融家摇篮。在90多年的办学历史中，学校始终重视教育教学的研究与改革，坚持立德树人根本任务，培养具有“诚信品质、实践能力、创新意识、国际视野”的高素质应用型人才，努力使每一位学生经过大学阶段学习以后，能够成为专业精英与社会栋梁。我校金融学院建院以来，努力对接上海五个中心、四大品牌和三大任务建设需求，发挥专业传统优势，适应金融新业态、新模式发展要求，以产教融合、学验并重为特色，致力于培养具有诚信品质、实践能力、创新意识、国际视野的高水平应用型金融人才。金融学院注重实验实践教学环节的重要作用，在人才培养中传承“学验并重”特色，并不断丰富内涵和开拓创新；成立金融学院实验中心，积极开拓与金融机构、行业协会等的合作，通过产教融合发展模式，共建校企实验室，不断购入多项软件及数据库，并在校企共建基础上积极开展联合，合作开发实验项目、实验软件，以及编写实验教学案例等；同时，为学生搭建产学研实践和实验实训基地，开展多类型学生实验实践活动，鼓励学生走向金融机构，了解具体业务，适应市场需求，努力培养和提升学生的知识应用能力。在不断改革创新和开拓发展过程中，金融学院教师及教学管理工作者积累了丰富的实验教学经验及教学改革的创新思想，这些教育教学探索创新成果积极推动了金融人才培养质量的提升。

本书收录了上海立信会计金融学院金融学院近期在实验教育教学改革方面研究的部分优秀成果，涵盖了本科教育阶段实验教育教学上的重点或热点问题。有些是对金融专业应用型人才培养目标、培养模式等重大理论问题的深入分析；有些是对实验课程体系设置、实验环境建设等具体方面的详细研究；有些是针对某个具体课程实验教学或某个软件在实验教学中运用的探索实践；有些则是结合我国经济社会发展，探索一系列高校应用型人才培养模式与实验教学创新改革的真知灼见，以期进一步提高本科教育教学质量。

愿本书的出版，能对我校及其他兄弟高校金融教育教学水平和人才培养质量的持续提高发挥助力作用，为我国高等教育发展做出更大贡献。由于时间有限和探索之意，疏漏之处在所难免，希望各位专家学者和阅读者能给我们提出宝贵的意见和建议，以便我们在今后工作中改进。

编者

2021 年 3 月 17 日

目　录

1　对合规与反洗钱课程实验教学的思考

储　峥　彭晓峰*

摘要：合规与反洗钱方向已经有数年招生和教学实践。合规课程面向金融学专业学生，但是，缺乏针对性强的实验教学课程，缺少适用的综合实训教学软件，学生难以接触合规方面的实务操作。建议在理论教学中加入“微实验”，与实务部门开展长期、全面的合作，提高教师和学生的实践能力，加强实验教学的课程思政建设。

关键词：合规；实验教学；实践；微实验

实验教学是高校进行实践性教学的组织形式之一，目的是验证课堂讲授的理论知识，并且培养大学生的动手操作能力，以更快地适应实务工作岗位的要求。利用实验教学中的软硬件条件，在要求的实验条件下，学生一方面对教学对象进行验证、测试与分析；另一方面，结合所学书本知识，根据教学任务，完成实践操作。在培养复合型人才的今天，实验教学在大学教育中的重要性日益突出。本文结合我校金融学专业合规与反洗钱专业方向教学实践，从实验教学的角度，探讨提高教学质量的路径。

一、我校合规与反洗钱专业方向的教学实践

（一）专业方向设置的背景

1997 年，我国刑法中首次出现了洗钱罪。2007 年 1 月 1 日，《反洗钱法》正式生效。洗钱的上游犯罪包括七种，如毒品犯罪、贪污贿赂犯罪、破坏金融管理秩序犯罪等。我国签署了一系列国际反洗钱公约，也是反洗钱国际组织——金融行动特别工作组（FATF）的成员，需要遵守公约和国际组织的反洗钱要求，对洗钱犯罪行为加大打击

---

* 储峥，女，经济学博士，上海立信会计金融学院副教授。彭晓峰，男，经济学博士，上海立信会计金融学院副教授。

力度。

洗钱犯罪行为危害极大，影响一国经济金融安全、社会稳定。因此，需要专业人才从事合规管理和反洗钱工作。2017 年，在上海公布的金融领域“十三五”紧缺人才开发目录中，反洗钱人才被列为“极度紧缺”。可见，加快反洗钱人才的培养，已经是当务之急。

（二）招生和就业情况

我校金融学专业曾经开设了合规与反洗钱专业方向（以下简称合规方向），从 2013 年秋季开始招收本科生，每届一个班。

2017 年，第一届毕业生走上社会。在就业的学生中，约 50% 在金融机构就业，其中一人在第三方支付机构工作，岗位是反洗钱专员。各届学生的毕业去向与金融学专业其他方向的差异不大，主要是就业、考研、出国、考公务员等。在就业意愿中，金融机构依然是首选，但是不再首选银行，在证券行业从业的人数增加（见表 1－1）。

表 1－1　2018 年金融学专业及合规与反洗钱方向就业总体情况　单位：人

毕业去向	金融学方向	CFA 方向	国际金融方向	合规与反洗钱方向	金融理财方向	浦江班	金融学专业
国有企业	41	4	29	14	35	11	134
私营企业	41	1	33	3	18	1	97
民营企业	32	4	33	7	29	4	109
股份制企业	30	1	16	5	24	8	84
出国	29	6	28	3	10	5	81
合资企业	14	1	12	3	11	1	42
独资企业	11	1	8	7	10	1	38
其他企业	10	15	27	1	26	9	88
研究生	9	2	23	1	11	2	48
集体企业	3	0	2	1	0	0	6
公务员	2	0	2	0	2	1	7
部队	0	0	0	0	1	0	1
合计	226	35	228	45	175	42	751

随着金融业混业经营的发展趋势及高科技手段的广泛运用，设置过细的专业方向与市场对复合型人才的需求相违背。从 2018 年起，合规方向不再作为一个专门、独立的招生方向，合规方面的课程扩展到向金融学专业所有的学生讲授。

（三）人才培养方案

从事合规工作需要掌握法律知识和业务，因此，在人才培养方案中，体现了“金融+法律”的跨学科的特点。经济法、金融法、国际商法等作为应该修学的法律方面的课程。除了金融学、商业银行学、会计学等专业基础课程外，在合规方面的专业课程主要包括洗钱与反洗钱概论、商业银行合规管理、国际合规概论、反洗钱调查实施、反洗钱案例分析等。

在社会实践、实训、实验教学方面，合规方向的学生与金融学专业其他方向的学生相同。毕业论文的选题要求必须和合规管理与反洗钱相关。

（四）师资队伍

为更好地促进教学，形成了开放的教学团队。团队成员包括金融学院从事相关教学的教师，也有其他学院教师和来自实务部门的反洗钱专家。

师资队伍以中青年教师为主，部分教师通过了国际反洗钱组织——反洗钱师协会（ACAMS）举办的资格考试，获得了反洗钱师资格证书，并参加了该组织举办的培训活动，以及在国内外多地举办的学术活动等。

合规方向的专业课程涉及大量的实务操作，仅有书本理论讲授是远远不够的。在教学中，邀请来自金融机构和反洗钱组织的实务专家为学生讲授反洗钱调查实务等课程。他们带来了金融业发展现状、反洗钱工作岗位对能力与知识的要求、合规管理、风险控制与反洗钱监管等最新、最前沿的信息，对学生将来就业起到了实质性的帮助。从学生反馈的情况看，学生很欢迎实务专家进课堂，能够主动与实务专家交流，课堂互动效果好。

为促进教学成果交流，提高在该领域的研究水平，师资队伍举办了反洗钱学术讲座。监管部门、反洗钱组织也在校园举办宣讲会，将反洗钱宣传带进高校。

师资队伍成员到监管部门进行挂职锻炼，了解反洗钱监管实务领域的发展动态。学成归来以后，受邀到金融机构，为从业人员进行反洗钱培训。

二、合规方面实验教学现状与问题分析

（一）实验教学现状

按照教学目的，实验教学一般被分为三类：其一是根据课堂讲授过程中的重点和难

点，借助实验教学手段对抽象的理论进行验证，这是验证性实验；其二是学生运用已掌握的理论知识，操作专业实验工具，进行相关设计、开发和进一步研究学习，这是设计性实验或研究性实验；其三是利用仿真实验平台，将所学专业知识按照实务工作岗位的要求，进行跨学科综合运用，这是综合实训。

按照人才培养方案的规定，除了社会实践实训，主要实验课程有模拟银行业务、信贷业务、外汇业务、文献选读等。除此之外，开设了短学段的反洗钱案例分析。有的专业课程，如反洗钱调查实务，操作性很强，除了课堂讲授理论之外，也邀请反洗钱实务领域的专家走进课堂，给学生讲授实际业务的相关内容。在偏重理论教学的洗钱与反洗钱概论、国际合规基础的课程中，安排了案例分析的内容。在相关的课程网站上，也安排了其他学校关于合规方面的教学视频。

目前，合规方向作为专门、独立的招生方向已经取消，合规与反洗钱方面的课程作为专业选修课，扩大了授课面，向金融学专业所有学生开设。从加快培养合规专业人才、提高全社会反洗钱意识的角度看，这种做法是有积极作用的。

（二）实验教学存在的问题

1. 缺少针对合规方面的实验教学课程

金融学专业人才培养方案的制订需要根据教育部等主管部门发布的要求，综合考虑多个专业方向的课程设置。实验课程的设置，在不同的专业方向上，需要有一定的共性。在课时有限的情况下，实验课程的多样性受到限制。

目前，合规方向不再是一个专业方向，合规方面的课程成为专业选修课，不再针对合规方向设置实验课程。原先开设过的反洗钱调查实务等课程已经不再出现在人才培养方案中。

2. 缺乏综合实训项目所需的实验教学条件

合规专业课程的教学内容，有较强的综合性，一般开设在金融学、商业银行学、会计学、投资学、国际金融等先修课程之后，所以，安排在第 6 或第 7 学期。有的学生已经修满选修课的学分，导致合规方面的选修课有时缺少足够的学生选课。

与合规专业课程相匹配的实验课程，也应该有综合性强、实务性强的特点。现在的教学软件往往与一门课程挂钩，如专门针对商业银行柜面业务、外汇业务、信贷业务等。合规方面的综合实训项目需要跨学科的实验教学条件。在洗钱犯罪行为利用更加隐蔽的互联网业务后，要做好合规方面的工作，“金融学 + 法学”已经不够了，还需要加上计算机、大数据、区块链等方面的知识及相关操作。这无疑增加了寻找合适综合训练项目的难度。

3. 社会实践、实训、实习难以接触合规方面的业务

学生有多种接触实务的机会，如社会实践、业务实训、实习、社会调查、项目调研等。但是，即使学生有机会到合规管理较为规范的金融机构实习，也很难直接接触到合规管理业务。在实务中，有关合规管理与反洗钱方面的信息涉及客户信息、商业秘密、机构信誉，因此是非常敏感的。在金融机构中，主要是高层管理人员和合规岗位人员才有机会知悉该方面信息，其他部门从业人员如果不从事相关工作岗位的，未必有获得该方面信息的权限。作为实习生，一般从事相对简单的工作，如大堂接待、打理办公室琐事等，难以接触到机密的合规方面的业务信息。所以，理论教学遇到的问题是缺乏合适的实践机会去验证。在教室里，学生难以身临其境，切实认识到合规与反洗钱工作是如何开展的。

三、造成合规方面实验教学问题的原因分析

（一）缺乏合适的实验教学软件

目前，市场上出售的反洗钱方面的软件，主要是提供给金融机构或者特定非金融机构。购买这样的操作系统成本昂贵，更为关键的是，这样的系统不会按照教学的需求，设置相应的练习与考试，也不提供练习所需的各种数据或交易信息。

由于监管要求，为避免合规风险，有些金融机构不惜斥巨资，自建反洗钱操作系统，这样的系统不可能提供给学校，供实验教学所用。

目前，反洗钱监管的重点是金融机构或者特定非金融机构。但是，一切可能被利用的方法或者商品几乎都出现在洗钱活动中。洗钱行为可谓无孔不入，渗透到社会和经济生活的方方面面。根据我国金融监管主体的要求，反洗钱责任主体将扩展到拍卖行、贵金属交易、文物交易、房地产行业、旅游公司、文化娱乐产业、会计师事务所、律师事务所等，实验教学的软件需要具备相当程度的通用性，即能够适应不同行业反洗钱业务操作的要求。

（二）实验教学对师资队伍提出更高要求

实验教学是将理论与实践相结合，教师首先需要能讲授相关理论知识，然后要会使用相应的操作软件。合规方面的理论教学，在目前国内高校金融学专业本科生中，安排较少，有些学校对研究生开设反洗钱课程，不同学校之间难以在合规教学方面开展合作和交流。不少高校教师并无实践经验，从高校到高校，对金融业并不了解，也没有接触

过反洗钱业务。

随着我国打击洗钱犯罪行为的力度、广度加强，以及金融机构广泛地运用高科技手段，合规管理已经不再是“金融+法律”，而是演变成“全部机构+法律+信息技术”。这对教师的知识结构提出了更高的要求，而满足这样要求的知识全面、有实务经验的高校教师少之又少。

（三）实验教学方面的资料少、培训少

合规方面的课程目前仅在少数高校中开设，教师之间的学术交流和教学合作方面的机会少。复旦大学成立了中国反洗钱研究中心，每年召开一次会议，参加者主要是监管部门和金融机构。对教师进行反洗钱方面的培训少，主要是讲座或学术会议，很难有在实务部门参加实务操作或者挂职锻炼的机会。

实验教学方面缺少相配套的教材、讲义、案例等内容，需要授课教师自己收集或撰写。

四、改进合规方向实验教学的思考

（一）在理论教学中嵌入“微实验”

现在，业务开展与推出新业务，均需要通过合规方面的检测，也就是合规管理已经嵌入到业务的各个环节。在课堂的理论教学中，也需要体现将实务与理论相融合的要求。在难以获得合适的实验教学软件的情况下，针对课堂授课的重点、难点，设计实验教学的“微实验”。例如，在洗钱与反洗钱概论这门课程中，有三个反洗钱的重点，即了解你的客户、可疑交易识别、可疑交易和大额交易报告制度。教材一般讲授的是基本原则与方法，而现实中的客户是多种多样的。教师可以设计一些业务场景，让学生根据材料，结合所学知识，分析判断客户尽职调查中存在的问题、可疑交易的特征等。这些“微实验”不用专门开设一门实验教学的课程，可以穿插在理论教学的过程中。可以安排分组讨论、课后作业、撰写课程小论文，将课堂教学的时间延伸到课后，鼓励团队合作，让学生真正地思考在业务场景中如何将理论加以运用，激发他们学习的热情，也鼓励他们多接触社会和实践。

（二）与实务部门建立实践教学合作机制

1. 与实务部门建立长期、全面的合作机制。选派优秀的教师到实务部门或者实习

基地挂职锻炼，尤其是业务发展日新月异的商业银行等金融机构，最好是能到合规管理岗位上锻炼，提高专业教师对业务发展现状的认知，将工作岗位要求和行业发展的最新信息体现在理论教学和职业道德教育中。学校、学院与实务部门在合规管理方面开展培训和研究项目合作，为教师和从业人员之间进行双向交流创造机会和条件。

2. 与多行业、多种机构开展合作办学，邀请行业专家进学校、进课堂，可以是线上、线下的形式，让学生有机会和行业专家直接交流，增进对行业和工作岗位的了解，为未来的职业规划早做准备。制订人才培养方案也听取行业专家建议。

3. 充分利用实习、实践基地，增加学生在实务部门参加实习的机会。由校内教师和从业人员共同担任指导工作，制订实习任务，根据学生在实习期间的表现，从专业水平和职业道德两个方面评价实习任务完成情况。

（三）在实验教学中加强课程思政建设

金融学专业的学生有相当比例在金融机构工作，如何抵制不正当利益的诱惑，守住职业道德的底线，不做违法犯罪的事情，是每个从业者需要时刻警醒自己的，尤其是准备将来从事合规管理与反洗钱工作的同学。通过理论学习和实践操作，他们可能了解多种洗钱途径与手段，尤其是隐蔽性强、存在监管困难的方法。如果他们利用专业知识进行“反监管”，甚至帮助违法犯罪，这与培养合规方面专业人才的初衷背道而驰。因此，在实验教学中，也不能放松思政建设，需要对学生加强法律意识和职业道德教育，引导他们正面“学以致用”，避免走上违法犯罪的道路。

参考文献：

［1］沈双生，田原，赵丽娜. 实验教学平台建设理论与实践分析——河北金融学院共享型“微实验”平台建设与应用［J］. 现代商贸工业，2020（3）.

［2］陶士贵，相瑞. 基于大数据技术的商业银行反洗钱风险识别“穿透”研究［J］. 金融发展研究，2020（7）.

2 虚拟仿真实验在投资学课程中的应用

——基于线上线下混合式教学的探索

张 云*

摘要： 信息技术与通信技术的快速发展，推动高等教育“教”与“学”的样态均发生了转变。本文基于后疫情时期线上、线下混合式的主流教学模式，分析了 Fintech 时代投资学课程教学面临的新问题，并从优化课程内容、改进教学方法、完善课程评价三个方面探索如何有效发挥虚拟仿真实验与线上线下混合式教学的合力，以培养契合金融市场新需求的高水平金融人才。

关键词： 虚拟仿真实验；投资学；线上线下混合式

一、引言

为适应信息化时代学生学习样态与学习诉求的转变，进一步培养大学生的创新与实践能力，更好地服务立德树人的根本任务，教育部于 2017 年发布了《教育部办公厅关于 2017—2020 年开展示范性虚拟仿真实验教学项目建设的通知》，于 2017—2020 年在普通高校设立 1000 项示范性虚拟仿真实验教学项目，其中经济管理类项目 80 项。虚拟仿真是利用计算机技术生成一个模仿真实世界的系统，用户可以借助视觉、听觉及触觉等多种传感通道与虚拟系统进行交互①。将虚拟仿真技术引入高校课堂，基于成果导向

---

* 张云，女，经济学博士，上海立信会计金融学院，讲师，主要从事绿色金融、碳金融与证券投资的教学和研究，已在国内 CSSCI 刊物公开发表论文 10 余篇，出版专著 1 部。

① 宋斌，林木．虚拟仿真技术在《投资学》教学中的应用——翻转课堂的角度［J］．教育现代化，2018，5（10）：139－140＋147．

教育（Outcome Based Education，OBE）理念进行课程设计，打破“教师讲、学生听”的传统模式，引入基于问题的学习（Problem Based Learning，PBL）和翻转课堂教学法，回归学生的主体地位，将有助于提升学生的参与感与互动感，通过体验式教学更好地实现理论知识与实践操作的有机衔接，增强学生的获得感。2020 年春季学期结束之后，国家虚拟仿真实验教学项目共享平台运营工作组——高等教育出版社实验空间运营工作组，针对本学期提供的在线智能实验室服务及在线教育支持与考核管理服务进行了问卷调查。调查结果显示，虚拟仿真实验教学项目在理论课（含课内实践、实验教学）中的应用最多（70.07%），专业必修课的应用占比 76.77%，主要集中于工学、医学和理学类专业（共计 89.33%），文科类专业的应用集中于经济学，但占比仅为 2.92%[①]。在文科综合实验教学中引入虚拟仿真技术，能够营造生动逼真的实验环境，更好地培养学生的实践能力，激发学生的创新精神，真正实现实践与理论的有机结合[②]。

投资学课程是投资学及金融学相关专业的一门专业必修课，属于应用理论课程，兼具夯实理论基础与实践创新能力培养的双重目标。宋斌和林木（2018）基于翻转课堂的角度，分析了虚拟仿真技术在投资学教学中的应用，发现通过让学生模拟基金经理构建投资组合并跟踪组合收益，能够帮助学生更好地理解和掌握多因子模型与均值方差模型，教学效果得到了优化与提升[③]。大数据、人工智能等金融科技应用场景的不断扩张，为虚拟仿真实验的开展提供了更为广泛的基础支撑，同时也给金融人才的培养模式带来了新的挑战。严伟祥和张维（2019）[④]、张云等（2020）[⑤] 分析了 Fintech 时代金融与投资人才培养模式创新机制中，重构实训实验体系、建设虚拟仿真实验平台的重要意义。本文将在现有研究的基础之上，结合后疫情时代教学样态的转变，分析投资学课程教学面临的新问题，并从优化课程内容、改进教学方法、完善课程评价三个方面探索如何有效发挥虚拟仿真实验与线上线下混合式教学的合力，以契合金融科技时代对投资人才的诉求。

---

① 高等教育出版社实验空间运营工作组.2020 年春季学期虚拟仿真实验教学项目使用情况与分析思考［J］.中国大学教学，2020（11）：81－84.

② 纪芳，于伟.论虚拟仿真技术在文科实验教学中的社会意义［J］.实验技术与管理，2015，32（5）：184－186.

③ 宋斌，林木.虚拟仿真技术在《投资学》教学中的应用——翻转课堂的角度［J］.教育现代化，2018，5（10）：139－140＋147.

④ 严伟祥，张维.投资专业人才培养模式创新研究——基于金融科技语境［J］.重庆科技学院学报（社会科学版），2019（1）：110－112.

⑤ 张云，杨凌霄，李秀珍.Fintech 时代金融人才培养实验实训体系重构［J］.中国大学教学，2020（1）：24－30.

二、Fintech 时代投资学课程教学面临的新问题

大数据、人工智能、区块链等金融科技在重塑金融业态的同时，也对金融人才的理论素养与实践能力提出了更高的要求，进而倒逼高等院校优化人才培养方案，重构金融实训实验体系。2020 年春季，新冠肺炎疫情在全球范围爆发并迅速蔓延，物理隔离的需求推进了线上教学的快速发展。在教育部“停课不停学”的号召之下，各级、各类高校纷纷集中优势资源，启动线上课程建设。上海立信会计金融学院的投资学课程是上海市重点课程，课程团队于 2020 年初重新制作教案、录制课程视频、建设习题库和案例库，优化了线上课程资源。2020 年秋季学期顺利复课后，线上线下混合式教学成为主流的教学模式。信息技术、通信技术及金融科技在教育领域的应用场景日趋广泛和深化，现有的投资学课程在教学中面临诸多挑战，主要体现在以下四个方面。

（一）课程内容以传统理论讲授为主，实验课时及内容相对缺乏

投资学是一门理论与实践紧密联系的专业核心课程，课程内容主要涵盖了组合投资理论、资本资产定价模型、套利定价模型、权益估值模型、债券定价等经典的现代投资理论，而投资本身与国内外金融市场密不可分。在引导学生学习每一个投资理论之时，如果能够匹配实验实训与之相验证，实现理论抽象化与实践具象化的有效结合，帮助学生构建有效的心智模型，生成相关知识链，达到知识积累与能力提升的双重目标。

目前，投资学课程的开展仍以理论教学为主，实验课时相对较少且流于形式。从课时分配来看，每个学期 48 个课时里面，目前安排有 36 个理论课时、9 个实践课时。实践课时课程内容更多以章节相关投资案例分析、主题讨论等内容为主，学生缺少实时市场情境的体验，不利于理论与实践的衔接。

（二）“教”“学”样态转变对教学方式提出新诉求

“以本为本，以学生为核心”是教育部对新时代高等教育发展的基本要求。在教学实践中，应以学生为中心，发挥教师的引导性功能。

从“学”的视角来看，目前高校在校学生多为“00 后”，属于在互联网情境下成长起来的新一代，伴随着信息技术从最初简单的信息检索功能发展到人机交互、深度参与，传统的以课堂学习为主的模式逐渐被重塑，“网络原住民”的学习模式与学习风格发生了根本性的变化，知识不再是一种稀缺性资源，课堂也不是获取知识的唯一途径，移动学习、泛在学习逐步渗入并推动学习的升级。与此同时，多样化的信息平台在缩短

知识距离和提高学习效率的同时，也对学生的信息筛选能力与专注度提出了更高的要求，碎片化的知识呈现方式也给学生知识体系的构建带来了挑战。学生全新的学习样态使其对呆板僵硬的传统填鸭式教学具有较强的抵触心理，学习的诉求集中于投资学线上学习中疑难问题的解惑，以及具体投资决策的制定等实际应用。

从“教”的视角来看，信息化技术的快速演进也在推进教学工具与教学方法的现代化。“师者，所以传道受业解惑也。”在初等与中等教育中，教师的定位是知识的传授者，更多体现的是“传道”与“受业”的功能。但对于高等教育而言，教师应该更注重思想的启发和方法的引导，即“解惑”的过程①。在慕课等优质的线上教学平台均有投资学的在线课程，上海立信会计金融学院也依托超星 SPOC② 平台建设了具有高水平应用型本科特色的投资学线上课程。2020 年春季学期，在开展线上教学时，本人尝试综合使用 SPOC 平台、微信、腾讯会议的方式，采取“SPOC 平台主管基础知识学习+腾讯会议主管课堂解惑+微信主管课后答疑与互动”的方式，在理论知识的讲解方面取得了较好的教学效果，但在实践能力的培养方面仍有欠缺。后疫情时代，学生返校复课之后，投资学课程采用了线上线下混合式教学的模式，期望线上教学在教学效率方面的优势能与线下课堂教学面对面讲解的直观性与深入性向相协同，最大化教学效能。在具体的实践过程中，受制于课程和课程难度，课堂教学仍基本以“满堂灌”的理论讲授为主，对实践能力培养的重视程度有待进一步提升。

（三）如何有效衔接投资学线上线下课程内容

有机结合线上平台与线下课堂是制约混合式教学改革效能的关键因素。如何将课程内容有效配置在线上和线下，协同发挥线上平台高效便捷和传统课堂教学交流深入的优势，避免线上线下“两张皮”，是线上线下混合式教学亟须解决的关键问题。

（四）如何构建并完善多元化、全流程的课程考核体系

目前，投资学课程的考核评价采用平时成绩与期末考试相结合的方式，二者的权重分别为 40% 和 60%，平时成绩的项目设置包括课堂出勤、课堂表现、课外作业、期中测验等模块，形式上基本实现了教学过程的全流程覆盖。就实施效果而言，“考前突击”“60 分万岁”的现象依然存在，考核方式仍存在重知识记忆、轻能力培养的不足，

① 江怡．如何摆正教与学的辩证关系——对一流本科课程建设的反思［J］．中国大学教学，2020（11）：11-16.

② SPOC（Small Private Online Course）是小规模限制性在线课程的缩写，这个概念是由加州大学伯克利分校的阿曼德·福克斯教授最早提出和使用的。

临时抱佛脚形成的短时记忆难以有效转化为创新与实践能力。如何以培养兼具投资理论知识与创新应用能力的人才作为目标，将实践能力纳入课程考核，构建多维度、多元化且具有可推广性的课程评价体系，是当前投资学教学改革要解决的重点问题之一。

三、虚拟仿真实验与线上线下混合式教学耦合之下的投资学教学设计

线上线下混合式教学助力了投资学日常教学的提质增效，虚拟仿真实验项目能够为学生提供基于投资理论进行实际操作的平台，增强学生对相关知识的理解，通过实验试错，生成新的知识链接，从而强化学生的实践能力，进而培养学生的创新思维。在线上线下混合式教学模式之下，将虚拟仿真实验以模块化的形式置于线上教学的内容，优化投资学的课程内容设计，采用 OBE 和 PBL 的理念改进教学方法，创新课程教学评价体系，培养基础知识扎实、实践能力优秀、创新思维突出的金融人才。

（一）设置虚拟仿真实验模块，优化课程内容设计

投资学的授课内容包含投资环境、资产类别与金融工具、风险与收益、风险厌恶与风险资产的资本配置、最优风险资产组合、资本资产定价模型、套利定价理论与风险收益多因素模型、债券的价格与收益、利率期限结构、权益估值模型、期权市场、期货市场 12 章，可以结合需求，设置金融工具与投资环境模块、多因子选股模块、组合投资与风险控制模块、权益估值模块、债券投资模块五大基础实验模块。

在金融工具与投资环境模块，依托于学校的同花顺等实验软件，安排学生分组查找国内外金融市场的交易工具及市场动态，每周课程前 10—15 分钟安排一组同学对上一周的资本市场动态进行回顾和评论，其他组参与讨论和点评，培养和训练学生检索获取信息的能力及讨论思辨的能力。

在多因子选股模块，依托同花顺等行情软件，为学生开设虚拟账户，提供 100 万元的虚拟资金，要求学生使用多因子模型选择 10 只股票；在组合投资与风险控制模块，要求学生按照均值—方差模型，以多因子模型所选出来的 10 只股票作为标的，优化确定每只股票的权重，最终构建一个最优的投资组合。将多因子选股与投资组合构建的过程形成实验报告，随机抽选学生的实验报告进行展示与讨论。依托行情软件的仿真交易功能，跟踪投资组合的收益状况，在课程结束时，统计每个同学收益率排名，并计入平时成绩。

在权益估值模块，安排学生自由选择 2—3 只股票，使用股利体现模型等绝对估值法，市盈率、市净率、市销率等相对估值指标，对其进行估值，形成投资建议，并对不

同估值方法的优缺点进行归纳和总结；在债券投资模块，要求学生查阅不同类型债券的收益率，结合实例理解票面利率、期限、面值等基本要素对债券价格的影响，理解到期收益率的内涵及利率的期限结构，模拟一次债券交易。

（二）更新教学理念，改进教学方法

目前，投资学课堂仍以“教师讲，学生听”为主，侧重于知识传授的完整性，对学生的知识掌握及财商与投资能力的培养关注较少，导致学生学习的积极主动性不足，教学效果低于预期。

1. 引入 OBE 和 PBL 理念，重构优化投资学线上线下教学

在“以本为本，以学生为核心”的引领下，可以尝试引入 OBE 和 PBL 理念，以成果为导向，以培养兼具投资理论知识与实践创新能力的金融人才作为目标，优化教学内容设置与课时安排；以问题为基础，重构每次课程的内部结构，在线上线下混合式教育的模式之下，结合不同章节知识难度的差异，对于投资环境、资产类别与金融工具、风险与收益等在前序课程中已经涉及的内容，可以安排学生在课下进行线上学习，线下课堂采取“提出问题—师生与生生互动—解惑与总结”的模式进行，提高教学效率；针对均值—方差模型、资本资产定价模型、套利定价模型及多因素模型等重点和难点内容，可以采取“线上预习 + 课堂重点讲解 + 模拟测验 + 虚拟仿真实验”的模式，由学生提前利用线上资源进行预习，课堂结合教学工作经验和学生预习中存在的疑问进行重点讲解，而后借助线上测验的方式给学生反馈其知识的理解和掌握程度①，从而进一步结合遗留问题进行查缺补漏，最后利用虚拟仿真实验，培养学生利用理论知识进行投资决策的能力，增强课程的趣味性，提高学生的体验感和获得感。

2. 寓教于赛，以赛促教

“以赛促学，以赛促教”是检验学生金融实践能力与教师教学成果的一种外在手段（严伟祥，张维，2019）。基于虚拟仿真项目不同模块的训练，学生通过虚拟账户的仿真交易，基本掌握了制定和执行投资决策的流程。积极鼓励指导学生参与课外的炒股大赛、金融投资大赛等各级、各类相关的投资比赛，以此激发学生的学习兴趣和创新动能，通过总结竞赛经验，深化学生对相关理论知识的理解，提高学生的投资能力，同时反哺教学，为教学工作提供丰富的案例和素材。

---

① 人的认知规律表明，相较于死记硬背而言，反复测试—检索—反馈的学习模式能更有效地掌握所学的知识。”参见《认知天性》，中信出版社 2018 年版。

（三）创新构建“平时考核＋期末考试＋实验实训”的课程教学评价体系

以“三全育人”理念为指导，将虚拟仿真实验的表现量化之后，纳入课程评价体系，构建“平时考核＋期末考试＋实验实训”的课程考核方式。其中，平时考核权重赋予30%，利用线上平台提供的签到、积分奖励、在线考试、自动统计分析等多种功能，平时成绩的内容既包括考查知识水平的期中测验，又包括考查课程参与度的视频观看进度、课外作业、热点话题讨论等，相对精准地刻画学生的学习画像；期末考试占比40%，采取闭卷考试的方式，考查学生对相关理论知识的掌握程度；实验实训占比30%，以学生在虚拟仿真实验中的表现为依据，重点考查学生的实践能力。

四、结论与展望

随着信息化技术与通信技术的快速发展，新时代“教”“学”样态发生了新变化。金融科技在经济生活中应用场景的不断拓展，对金融人才提出了新诉求，要求未来的金融人才兼具理论知识、实践能力与创新思维。在投资学的线上线下混合式教学中，以模块化的形式引入虚拟仿真实验项目，积极践行“产教融合”“学验并重”的培养方案，引入OBE和PBL的教学理念，寓教于赛，以赛促教，创新构建“平时考核＋期末考试＋实验实训”的课程教学评价体系，将有助于培养契合金融市场需求的高水平金融人才。

参考文献：

［1］［美］彼得·布朗，［美］亨利·勒迪格三世，［美］马克·麦克丹尼尔．认知天性［M］．邓峰，译．北京：中信出版社，2018.

［2］高等教育出版社实验空间运营工作组．2020年春季学期虚拟仿真实验教学项目使用情况与分析思考［J］．中国大学教学，2020（11）：81－84.

［3］纪芳，于伟．论虚拟仿真技术在文科实验教学中的社会意义［J］．实验技术与管理，2015，32（5）：184－186.

［4］江怡．如何摆正教与学的辩证关系——对一流本科课程建设的反思［J］．中国大学教学，2020（11）：11－16.

［5］宋斌，林木．虚拟仿真技术在《投资学》教学中的应用——翻转课堂的角度［J］．教育现代化，2018，5（10）：139－140＋147.

[6] 严伟祥，张维．投资专业人才培养模式创新研究——基于金融科技语境［J］．重庆科技学院学报（社会科学版），2019（1）：110－112.

[7] 张云，杨凌霄，李秀珍．Fintech时代金融人才培养实验实训体系重构［J］．中国大学教学，2020（1）：24－30.

3 能力培养导向的金融理财综合规划案例课程实验教学实践

陈 兵 徐 锐*

摘要：金融理财综合规划案例是理财模块核心课程之一，是培养学生掌握理财综合技能的关键课程。在一流专业和一流课程建设背景下，本文围绕应用型人才培养要求，结合课程教学实践，对实验教学中的学生能力培养导向目标、教学方法和策略、考核评价等教学环节设计进行了分析，并对教学持续改进进行了反思。

关键词：能力培养；金融理财；实验教学

一、引言

近几年，国内高校围绕一流专业建设的要求，以一流课程建设为抓手，狠抓课程教学质量，在我校金融学专业获批国家一流专业建设的背景下，课程建设也成为专业建设的重要支点。金融理财综合规划案例课程是金融学专业教学计划中理财课程模块的一门针对金融学专业学生的短学段选修课，也是对接国际金融理财师（CFP）职业资格认证考试的一门课。该课程是个人理财、投资规划、风险管理与保险规划、员工福利与退休规划、税收及遗产规划等课程学习基础上的综合性理财课程，综合性和应用性突出，重点培养学生综合理财规划的实务技能，更好地适应理财师岗位的需求。课程已开设几年，按照金课建设的要求，在实验教学实践中围绕以学生为中心、能力培养为导向，不断优化创新教学设计，课程建设取得了一定成效。

二、课程目标设计

本课程原来是一门长学段专业选修课，在 2017 级金融学专业培养方案中，调整为

---

* 陈兵，上海立信会计金融学院金融学院副教授，金融学博士，研究方向：金融理财和金融稳定。徐锐，上海立信会计金融学院金融学院金融学专业 2017 级本科生。

大三下学期的一门短学段专业选修课，为此，课程重点针对实验教学要求，依据 OBE 教育理念重新对教学环节优化设计。OBE 教育理念强调三个紧密相扣的教学环节，首先是明确课程目标，即希望学生获得哪些学习成果；其次，通过什么路径帮助学生获得学习成果，这涉及教学内容、方法和策略的设计；最后，如何判断学习成果是否达成，即学习的评价问题。三个问题贯穿教学全过程，其内在逻辑如图 3－1 所示。

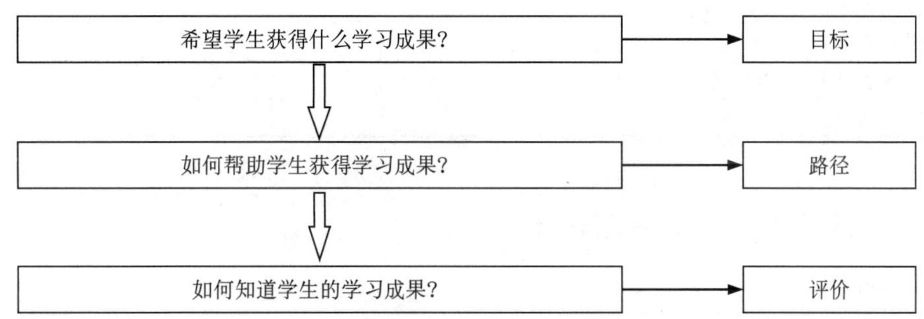

图 3－1　OBE 教育理念的三个核心问题和逻辑

依据金融学专业培养目标，金融学专业的毕业要求设置了九个方面：思想政治素质、道德品质、身心健康、学科知识、文化素养、学习能力、实践能力、创新意识、国际视野。毕业要求需要课程体系来支撑达成，金融理财综合规划案例的课程目标包括知识、能力、育人三个层面。

知识目标：掌握不同保险险种的特点、功能，理解保险规划原则和保险需求测算原理；知晓中国养老保障体系现状，理解退休规划原则和养老金测算原理；掌握财务分析指标的含义和计算；理解生涯仿真表的结构和编制原理；理解理财规划书的要素和撰写要求。

能力目标：能够进行保险需求测算、挑选保险险种进行家庭保险规划；能够利用养老金计算公式进行养老金测算；准确运用财务分析指标进行家庭财务分析评估；掌握生涯仿真表的编制技能；掌握理财规划书的撰写技能。

育人目标：在理财专业知识学习中实现价值引领，熟悉理财法规，遵纪守法，养成良好的思想品德、社会公德和职业道德。

从表 3－1 可见，课程能力目标主要对应和支撑毕业要求的学习能力、实践能力、创新意识培养，为了学生能力培养目标的达成，课程优化教学方法和策略设计，针对性地开展实验教学。

表 3-1 课程目标与毕业要求对应关系矩阵图

	课程知识目标	课程能力目标	课程育人目标
毕业要求 1［思想政治素质］			√
毕业要求 2［道德品质］			√
毕业要求 3［身心健康］			
毕业要求 4［学科知识］	√		
毕业要求 5［文化素养］			
毕业要求 6［学习能力］		√	
毕业要求 7［实践能力］		√	
毕业要求 8［创新意识］		√	
毕业要求 9［国际视野］			

三、课程教学方法和策略设计

OBE 教育理念强调学生中心，课程紧紧围绕学生中心理念，以学生能力培养导向为目标设计教学方法和策略（路径）。

（一）体验式教学培养学生兴趣和能力

教学过程中，在涉及投资规划内容时，让学生依据给定条件在第三方平台挑选基金，这种教学方式能带领学生在课堂上走近金融市场，直接查阅各种基金信息，增强体验感，培养学生挑选基金的能力。学生很感兴趣，而且不少同学挑出了不错的基金产品（见图 3-2）。

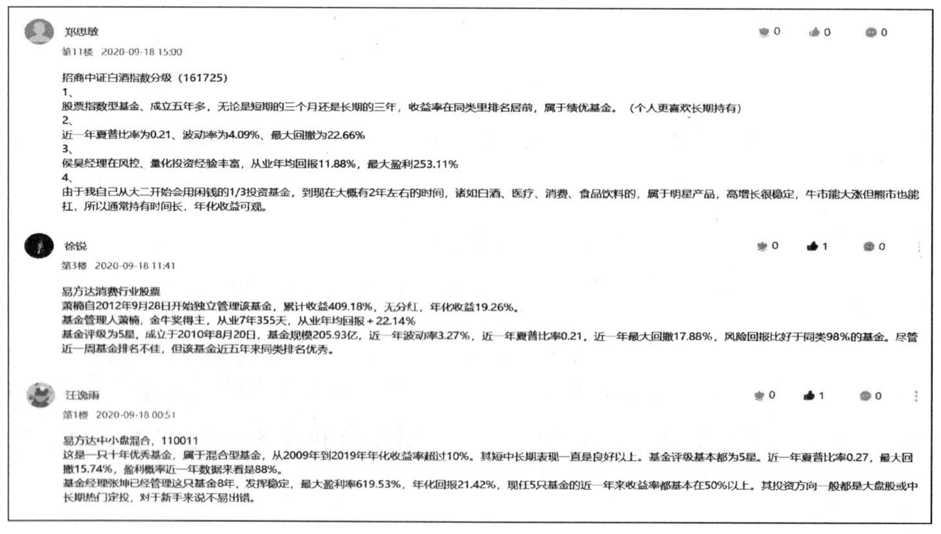

图 3-2 学生挑选的部分基金产品

类似地，在学习保险规划内容时，让学生依据给定条件在第三方平台挑选保险产品并测算保费，这种体验式教学非常直观，能帮助学生熟悉保险产品选择渠道，理解保险产品的条款和特征，增强保险产品分析和鉴别能力（见图3－3）。

学生答案：

第一空： 我挑选的是一款重大疾病保险，从生活与养老角度考虑，一款必要的重大疾病保险是非常重要的。信达人寿达尔文3号重疾险主要特征：1.重疾最高180%保额2.不同器官原位癌多次赔3.可附加投保人豁免保障4.身故保障选择灵活5.适用人群广泛6.可选特定重疾二次赔作为健康人士拥有这款保险较为合适。保费（缴费期限30年、保险额度35万元）：2922.5

学生答案：

第一空： 全民宝定期寿险。特征：最高300万保险金，性价比高，比市场上同种保险便宜，免体检，健告少，只有3条健康告知，赔付可选种类多，可以选择保费返还与不返还。我投保50万保障金额，保至75岁，不返还保费，需要年缴费579元

学生答案：

第一空： 好医保长期医疗保险：6年累计免赔1万元；100%报销，有无医保均可享受；6年保证续保，可逐年续保；本人若投保一年需缴费128元。

学生答案：

第一空： 无忧保综合意外险，包括意外交通，意外伤残，新冠肺炎等多种意外险，综合类保险。

每年196元，按年续费，保费逐年根据情况变动。

图3－3 学生挑选的部分保险产品及保费的测算

（二）合作式学习提升学习自主性

教学过程中，一些重点难点内容，在教师讲解基础上，设置任务，并鼓励学生在课堂上和课后自行组成小组进行合作式、探究式学习，提升学习自主性，并通过作业、测验来检验学习的成效。

理财规划往往涉及财务指标和货币时间价值的计算，部分同学对这方面知识掌握不扎实，运用不熟练，因此，要求学生运用Excel中的财务函数进行计算。

保险规划部分，寿险需求测算是核心内容，在讲授寿险需求测算方法原理基础上，给定背景案例，让学生通过测算练习扎实掌握相关技能（见表3－2）。

表3－2 遗属需求法测算寿险需求

家庭保障需求	金额
1. 个人丧葬费用	
2. 遗属生活费用	
配偶	
子女	
父母	
遗属生活费用现值	

续表

家庭保障需求	金额
3. 子女教育金	
子女教育金现值	
4. 债务	
房贷	
车贷	
其他债务	
债务总额	
家庭保障需求（1+2+3+4）	
可预期财务来源	
5. 可变现资产	
6. 保险给付	
社会保障给付	
商业保险给付	
保险给付总额	
7. 其他收入来源	
其他收入来源现值	
可预期财务来源总额（5+6+7）	
寿险需求=家庭保障需求-可预期财务来源总额	

综合理财规划中，最核心技能之一是掌握生涯仿真表原理，并能运用于测算家庭未来现金流，从而判断理财目标的可行性。生涯仿真表的编制很复杂，理财目标可能较多，涉及未来很长时期，计算量大，很容易出错。课程设置练习和作业，让学生通过实操来掌握生涯仿真表的编制（见表3-3）。

表3-3　全理财目标生涯仿真表

生涯仿真表							用内部报酬率计算	用无风险利率计算	用投资报酬率计算
几年后开始（年）	工作收入	目标1支出	目标2支出	目标3支出	目标4支出	净现金流	累计理财准备	累计理财准备	累计理财准备
0							***	***	***
1	***	***	***	***	***	***	***	***	***
2	***	***	***	***	***	***	***	***	***
3	***	***	***	***	***	***	***	***	***
4	***	***	***	***	***	***	***	***	***
5	***	***	***	***	***	***	***	***	***
…									

四、课程考核评价设计和教学反馈

为了判断学生的学习成果达成情况，需要构建合理的考核评价机制，同时通过教学反馈来获得学生的意见，以便帮助教学持续改进。

（一）课程考核评价设计

金融理财综合规划案例课程的性质是短学段选修课，按照学校教学规定，选修课不举行期末考试，考核全部由平时成绩构成。为了调动学生学习主动性，达成学习目标，尽管课程只有两周 16 课时、1 个学分，但课程考核依然采取多维度评价模式。首先，考勤和课堂表现占 20%，两周四次课共考勤四次，通过超星平台发放签到，效率高且准确无误；课堂表现主要观察上课的参与性和回答问题情况（超星平台活动记录）。其次，课外作业占 20%。最后，两次测验各占 20% 和 40%。多维度的考核，兼顾了学习过程和结果，而且学习结果的比重较大，突出了学习成效的重要性，比较合理。

（二）课程教学反馈

2019—2020 学年第二学期，共有 23 名大三金融学专业学生选修本课程，受新冠肺炎疫情影响，课程于 2020 年 9 月中旬线下实验室授课。教学结束，于超星平台发放调查问卷，共设置四个问题，前三个问题为单选题，第四个问题为简答题，前三个问题有 22 人回答，第四个问题有 15 人回答。

第一个问题关于课程内容难度。4.5% 的同学选择太难，68.2% 的同学选择较难，27.3% 的同学选择适中，没有同学选择较容易和太简单（见图 3 - 4）。从学生反馈来看，课程内容是有一定难度的，但主要集中于较难，觉得太难的比例很低，这比较符合金课的高阶性和挑战性要求。

第二个问题关于课程教学内容的评价。40.9% 的同学选择很好，45.5% 的同学选择较好，两项合计占 86.4%，选择一般的同学比例为 13.6%，没有同学选择较差和很差（见图 3 - 5）。这表明绝大部分同学对教学内容是认可的，尽管大部分同学觉得教学内容较难，仍然对教学内容给予正面评价，这也显示出，并非教学内容要简单才能得到学生好的评价，教学内容有一定难度和挑战是能够被多数学生接受和认可的。与个别同学的交流中也得到反馈，有挑战度的任务完成后蛮有成就感。

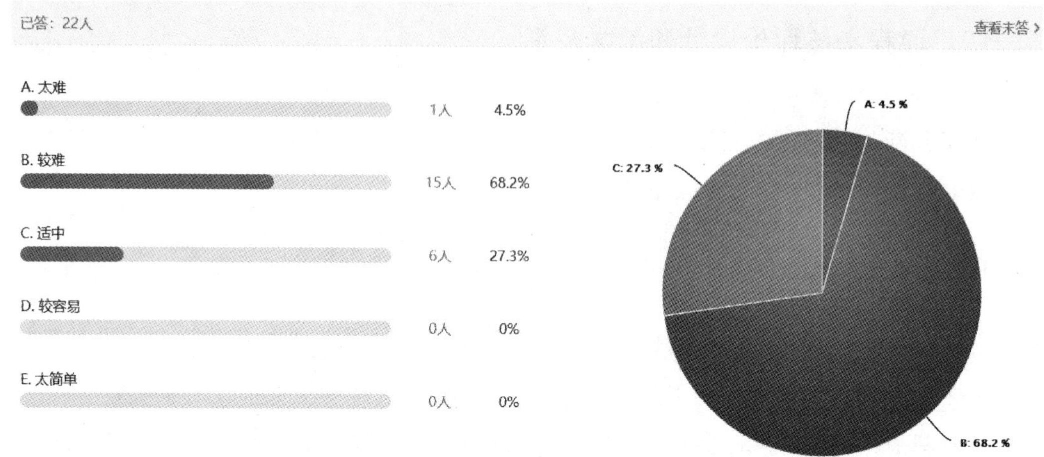

图 3－4　课程内容难度调查结果

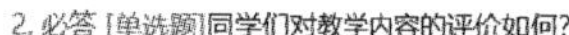

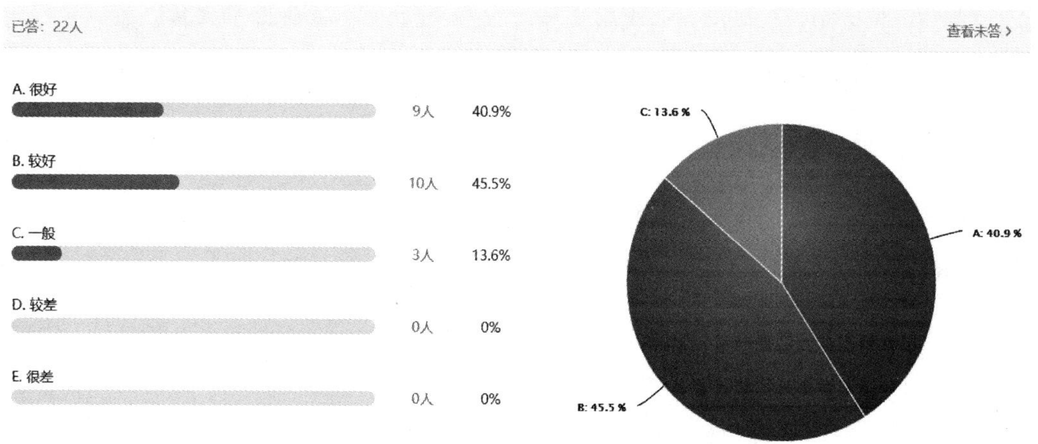

图 3－5　教学内容评价调查结果

第三个问题是关于课程考核评价方式。36.3%的学生选择很好，36.4%的学生选择较好，两项占比为72.7%，另有27.3%的同学选择一般，没有同学选择较不合理和很不合理（见图3－6）。依据反馈结果，同时结合第四个问题，即对课程教学的改进意见，发现对课程考核评价给予正面评价的比例还不够高，主要原因有反映作业偏多，希望老师对作业进行讲解，作业能够下载后完成等。总体上看，课程考核评价还有不小的改进空间。

第四个问题是对课程教学的改进意见，学生反馈见表3－4。

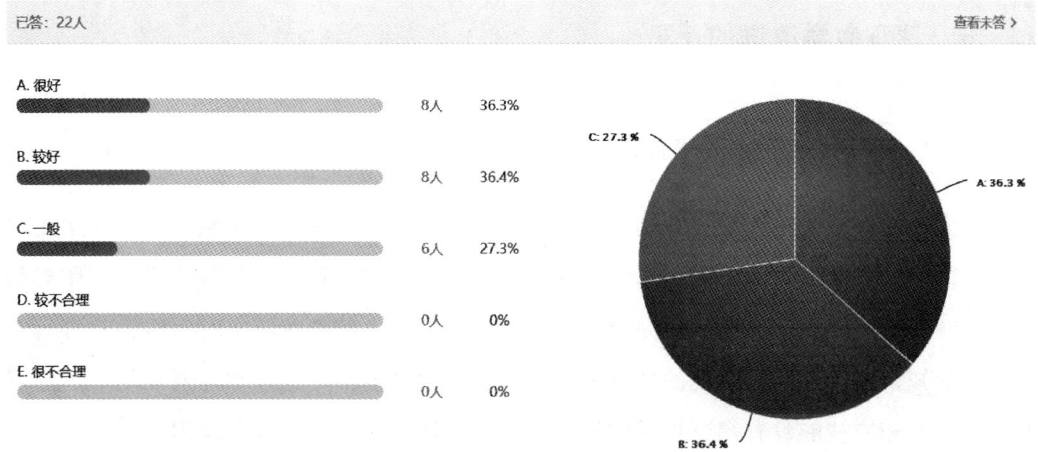

图 3-6 课程考核评价方式调查结果

表 3-4 学生对课程教学的改进意见

学生	你对课程教学有何改进意见？（包括教学内容、教学方法、考核评价方式等）
虞 **	课程时间太紧凑，课程难度较大，但老师上课还是很仔细的，不过建议练习题以后能发布到资料里，这样可以下载，任务点中的 Word 无法下载，表格需要手打
丁 *	没有意见，老师很耐心、讲得很生动
徐 *	对于 Excel 的知识之前较缺乏，最好多讲一些
严 **	由于是短学段的课程，可以适当减少内容和作业量
郁 **	考试和作业可以直接下发 Word、上交 Excel
杨 **	课程有些难度，可以上得再有趣一些
颜 **	时间比较紧，老师教的内容很硬核
李 **	好像还需要更多更基础内容的拓展延伸，可以先梳理一下整个金融理财大框架，需要掌握哪些必要板块知识，这样可以有助于提高学习的完整性。给一些方向，有兴趣的同学也可以在课外多学些相关知识
郑 **	因为两周学到的其实只是皮毛，考核应该不只以测验为主，有的题不太会做，会有点难。另外，可以和学生互动再频繁一点，感觉老师讲的太多了
汪 **	希望老师可以讲解一下作业内容，这样可以更好掌握课程内容
李 *	作业有些多，建议课程安排在大二或者大三
杨 **	教学内容、方法和考核评价方式都很好，作业量能减少一些会更好

此外，个别同学在交流中反馈，通过 Excel 进行实操很有意思，希望能系统地学习理财知识。

五、课程教学改进的反思

（一）课程设置和选修要求的调整

首先，金融理财综合规划案例课程是理财模块非常重要的一门课程，是培养学生综合理财技能、适应理财岗位需求的关键课程。但是，课程设置为短学段选修课，学时相对较少，而且时间集中在两周内完成，客观上来看，学生较难在较短时间内消化理解有挑战性的知识、掌握综合系统的理财技能，而且，学时的不足也导致理财规划书的学习时间不够，相应技能没有得到很好的训练。因此，课程调整为长学段课程更加合理，在2020级金融学专业培养方案中，课程已经调整为长学期课程。其次，金融理财综合规划案例是一门综合性理财课程，核心内容应该是综合理财规划和理财规划书，投资规划、保险规划、退休规划、财务分析等是综合理财规划的基础，这些内容应在个人理财、投资规划、风险管理与保险规划、员工福利与退休规划等课程中系统学习，然而，金融理财综合规划案例课程目前没有强制要求学生预修这些课程①，从实际情况看，部分学生确实没有预修过这些课程，导致金融理财综合规划案例课程还要安排部分时间给学生补课，就必然影响了教学的效率和核心内容的学习。因此，在今后的选修要求中，至少要求学生必须预修个人理财课程②，这样，金融理财综合规划案例课程教学中，可以更加突出核心教学内容，同时，投资规划、保险规划、退休规划、财务分析等知识更强调综合运用。在2020级金融学培养方案中，个人理财课程设置在大三上学期，金融理财综合规划案例设置在大三下学期，两门课程可以很好地衔接。

（二）学生学习自主性有待提高

尽管教学过程中，一些教学方法和策略设计是为了提升学生的学习自主性，但是效果并不好。典型的表现是超星平台发放的学习任务，每个章节的任务点完成率基本只有40%—50%，仅有生涯仿真表原理完成率达到60%，尽管每次课前都发通知，提醒学生预习，但能够按照要求完成预习的学生比例较低，影响了课堂的学习互动和成效。另外，课程安排在大三下学期短学段，特别是2020年的教学因受新冠肺炎疫情影响延迟到9月中旬才授课，不少学生有考研计划，临近考研，学生精力更多地放在考研复习准

---

① 2020年金融学专业分流方案，也没强制要求选择理财模块学生必须在该模块课程中选修完成相应学分。

② 个人理财课程中也讲授投资规划、保险规划、退休规划等知识。

备，学习专注不够，影响了学习成效。当然，随着近年考研比例的不断提升，大三下学期和大四上学期的课程教学都面临这一共性难题。

（三）课程其他方面改进

针对学生对课程考核评价满意度不够高的问题，可以采取一些改进措施，如考虑将超星平台学习任务纳入课程考核，加强过程考核。部分学生反映作业量偏多的问题，主要是针对短学段课程而言，如果调整为长学段课程，则目前的作业量并不多，但是可以安排更多时间给学生讲解练习和作业。此外，可以考虑引入理财软件，如 CFP 考试指定的金拐棍理财软件来协助教学，在综合理财规划和理财规划书撰写中都可以增强学生的体验感，提升学习成效。最后，特别要加强混合式教学，一些基础知识可通过课件、视频等资料让学生加强自学，课堂上更多的是实操、练习、互动、答疑等，这样更能调动学生的学习自主性，取得好的学习成效。

参考文献：

［1］韩莉，傅巧灵，赵睿．基于 OBE 理念的课程教学设计——以《国际金融》课程为例［J］．金融教育研究，2020（1）：67－74.

［2］黄璐，倪兴兴，薛松超，韩忠奇．数字金融背景下的金融工程专业实验教学探索与实践［J］．实验技术与管理，2020，37（12）：189－192＋198.

［3］李志义．解析工程教育专业认证的学生中心理念［J］．中国高等教育，2014（21）：19－22.

［4］刘畅，林海．以 OBE 理念探索一流本科建设的实现路径［J］．教育评论，2018（8）：33－36.

［5］刘虎，王勤，冯建刚．“新文科”背景下高校重塑文科实验教学体系的思考与探索［J］．实验技术与管理．2020，37（9）：270－273.

［6］申天恩，申丽然．成果导向教育理念中的学习成果界定、测量与评估——美国的探索和实践［J］．高教探索，2018（12）：49－54＋85.

［7］Spady W. G.. Outcome－Based Education：Critical Issues And Answers［M］．Arlington，VA：American Association of School Adiministrators，1994.

［8］吴岩．建设中国“金课”［J］．中国大学教学，2018（12）：4－5.

4 金融理财实验实训教学改革探索

孙 晴 方 茜*

摘要：2019 年 10 月 8 日，教育部颁布《关于深化本科教育教学改革全面提高人才培养质量的意见》，明确提出高校要立足我国经济社会进步发展的需求和人才培养的目标，全面提高本科教育课程的建设质量。由此，本文将探索金融理财实验实训教学改革，以金融理财行业的人才需求作为出发点，就当前金融理财实验教学现状分析其存在的问题，最后，提出金融理财实验实训教学改革的相关建议，希望能有助于提高金融理财课程建设。

关键词：金融理财；实验教学；人才培养

一、引言

2018 年 10 月 8 日，教育部颁布《关于加快建设高水平本科教育全面提高人才培养能力的意见》，强调高校应当促进现代化信息技术与教育教学的深度融合。重塑课堂的教学形式，高校应大力开展实验实训课程，加强建设虚拟仿真实验室与课程实验教学平台，广泛运用大数据挖掘、人工智能、虚拟现实等现代科学信息技术，提高实验实训教学的质量和水平。2019 年 10 月 8 日，教育部颁布《关于深化本科教育教学改革全面提高人才培养质量的意见》，强调高校要立足我国经济社会进步发展的需求和人才培养的目标，全面提高本科教育课程的建设质量。优化各类课程结构，加强课程体系建设，促进实验课程建设，打造兼具深入性、创新性和挑战性三种特性的线上线下混合式、虚拟仿真式课程。为全面提高本科教育育人能力，落实教育部对本科教育的要求，必须深化教育教学改革，把教学改革落实到具体的课程建设上。金融理财学是金融学专业（金融

---

* 孙晴，女，上海立信会计金融学院金融学院 2018 级本科生，电子邮箱：estelle0405@ 126. com。方茜，女，上海立信会计金融学院金融学院讲师，金融学博士，电子邮箱：fx_ artemis@ 163. com。基金支持：本文受上海高校青年教师培养资助计划（ZZLX19034）项目的资助。

理财方向）的一门基础课程，目前这门课程的教学偏重于理论教学，实验教学较少，开展形式单一，本次课程改革希望高校能开展系统化的金融理财实验实训课程，作为金融理财理论课程的延伸，培养适应当前金融理财行业发展的应用型、创新型、复合型金融理财人才。

目前，金融理财行业的发展瞬息万变，金融理财产品层出不穷，对金融理财人才的要求不断提升。随着中国全面建成小康社会，物质水平不断提升，人民对美好生活的需要更加强烈，使金融理财服务的需求人群增加，从最初的政府、企业到现在的个人、家庭；使金融机构不断创新，研发设计出各种各样的金融理财产品，以便于满足不同人群的需要，这对金融理财人才的创新性提出了更高的要求。随着金融科技的发展，金融理财的服务形式不断提升。从最初的问卷、人工走访等传统调查形式到现在的大数据挖掘技术、虚拟现实技术等现代科学信息技术，大数据挖掘技术的运用能够使金融理财师快速准确地分析客户的风险承受能力与风险偏好，模拟现实技术的运用为客户提供场景化的理财规划模拟，以便于客户更高效地选择适合自己的理财产品。随着互联网的发展，金融理财的成本与门槛不断下降，许多大型知名的科技公司进入了金融理财市场，如支付宝、微信、京东等，这就需要金融理财人才具有信息技术与金融理财的复合知识体系。此外，随着2018年《关于规范金融机构资产管理业务的指导意见》的发布，金融理财产品从预期收益型转为净值型，使金融理财产品设计更为专业、复杂，对从业人员有了更高的要求。

二、金融理财实验实训教学现状

目前，金融理财实验实训课程主要通过案例教学、基础软件教学及举办金融理财大赛三种形式开展。

（一）开展案例教学

金融理财的实验实训课程最基本的开展模式是课堂上的案例教学，学生通过对金融理财相关案例的分析、讨论及老师的讲解，了解当前金融理财行业的现状，深化对金融理财理论知识的理解，培养其解决行业中实际问题的能力。其开展形式简单易行，不需要单独开设课程，一般贯穿于整个金融理财理论教学的过程中。教师选择案例一般遵循典型性、时效性、适教性三大原则，主要来源于公开出版的金融理财案例书籍、媒体报道的实时新闻等。案例一般以文字材料为主，以视频文件为辅。在案例教学课堂中，教师通过层层设问推进，引导学生思考案例中的逻辑，激活学过的知识点，并鼓励学生充分阐释自己的观点，学生之间相互讨论。最后，由学生分析整个案例得出结论，教师再对案例中的关键点给予讲解。

（二）开设基础软件教学

基础软件教学课程一般分为两种类型：一种是穿插在金融理财理论课程中的 Office 软件教学，另一种是以选修课开展的统计软件教学。Office 软件主要用于辅助金融理财理论教学，如在我校金融理财学课程的第二章（资金时间价值）中，用 Excel 软件教学生如何使用该软件快速计算出资金的现值、终值、净现值、内部收益率等常用指标。以选修课开展的统计软件教学更为系统化，如我校开设选修课 MATLAB 与固定收益证券计算，除了学习运用软件计算基础指标外，还深入学习软件，计算固定收益证券的久期、凸性、利率期限结构等。

（三）开展理财大赛

我校连续 11 年开展大学生理财规划邀请赛，为学生提供了一个金融理财学术交流平台，培养学生理论联系实际的能力，激发学术创新意识。由“未来理财师”活动负责人秦川、中国银行理财经理相关行业人士与金融学专家教师作为评审委员会，承担大赛的评审工作，并给予获得优秀理财方案设计的团队以实习推荐为奖励。此外，我校还大力鼓励学生参加第一财经广播携手易学堂联合主办的“未来理财师”大学生理财大赛，我校不少同学取得了不错的成绩。

三、金融理财实验教学存在的问题

（一）实验教学与理论教学结合不够

实验教学是理论教学的延伸，应当与理论教学紧密结合。目前，金融理财的实验教学主要集中在货币市场理财、资金时间价值的计算、设计金融理财综合解决方案等方面。然而，对于资本市场理财、衍生品市场理财、开发设计金融理财产品等方面并未安排实验教学，仅停留在课堂理论教学层面，使学生无法深入理解其功能与运用场合。另外，某些基础软件教学的开展缺乏理论指导，例如，在大数据思维与应用实验课程中，主要讲解关于 R 语言的编程知识，未能结合金融理财的理论知识，难以培养金融理财与信息技术的复合型人才。

（二）实验教学内容难以适应金融理财行业发展

目前，大数据、云计算等现代科学技术不断深入金融理财行业，互联网金融理财快速发展，金融理财行业更新速度加快，金融理财产品、理财方式不断创新。然而，大学里的教学内容相对落后。就金融理财学来说，金融理财学的教材还是2013年出版的书籍，书中很多理财产品早已被市场淘汰，理财方式也早已过时，导致所开展的实验教学早已不被行业所使用。教材作为教学的基础，不能及时更新将导致实验教学的内容与当下金融理财行业的实践不符。同时，由于不少高校教师的工作经验较少，对当下金融理财行业的了解不深入，其实验教学内容与教学方法不能与时俱进。此外，当前高校开展的实验教学大多数以教学生操作软件为主，对于启发学生创新的实验教学较少，难以培养学生的创新性思维。

（三）实验教学的硬件设施与师资力量有待提高

当前，随着金融科技的发展，智能投顾、大数据、虚拟现实技术在金融理财行业广泛应用，高校实验教学的硬件设施难以满足当前金融理财行业的要求。许多高校对金融实验室的经费投入有限，导致金融实验室的硬件设施还是很久之前的版本，未引进这些先进的技术，难以模拟当前的金融理财业务，使学生的思维跟不上当前金融理财行业的发展。此外，由于高校金融实验室的数量有限，使得金融理财实验教学不能实现对学生全覆盖教学，只能通过选修课的方式开展，使得实验教学缺少系统性、连贯性，难以培养应用型的金融理财人才。

除了实验教学的硬件设施不足，许多高校实验教学团队的师资力量也不匹配。具备金融理财和计算机等跨学科复合型知识、拥有丰富实践经验的教师团队是提升金融理财实验课程建设的基础。高校里开展金融理财实验课程的教师几乎都拥有经济学博士学位，金融理财理论知识丰富，但是他们有金融机构工作经验的较少，毕业后直接来高校当教师的居多，实践能力有待提高。同时，高校的职称考核评价体系对科研论文与理论教学更为重视，对教师的实践培训也较少，难以短时间内增加教师的从业经验，提升其实践能力。此外，在金融科技的背景下，实验教师需具备金融知识与信息技术知识复合型背景，但是当前在高校任职的实验教师往往只具备一种知识背景，不足以支撑高校提升其金融理财实验课程，难以培养复合型金融理财人才。

（四）实验课程安排缺乏系统性

金融理财实验课程多以选修课开展，缺乏对整体实验课程的系统安排，多局限于金融理财内容的某一章节或某一部分，如只研究股票或证券投资单一理财投资工具的实验软件操作，各个课程之间相对独立，缺少内在关联，这导致学生在日后的工作中只对金融理财的某一部分具有实践能力，对金融理财业务无整体的感知，不能独立地从事金融理财业务。

（五）理财大赛参与学生过于局限

为了更具体地了解我校理财大赛出现的问题，我们对上海立信会计金融学院的学生进行了问卷调查，共收集了 250 份有效问卷，覆盖了全校各个学院的学生。由图 4－1 可知，金融理财实验类课程覆盖的金融学院的学生有 60%，而覆盖其他 10 个院系的学生最多不超过 6%，可见，金融理财相关实验课程并未实现全覆盖教学。

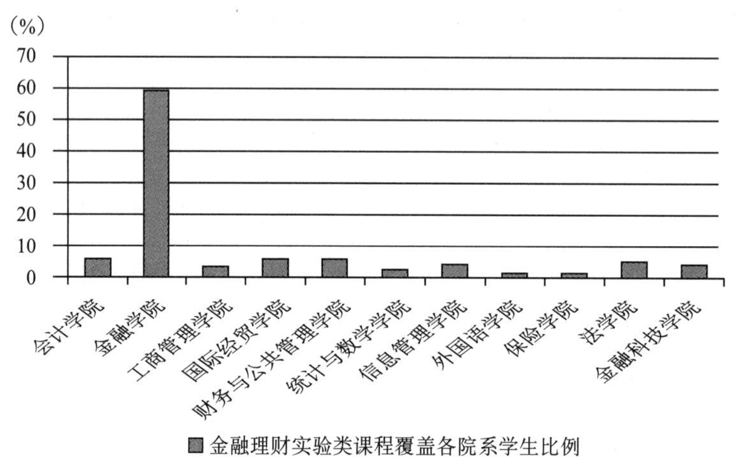

图 4－1 金融理财实验类课程覆盖各院系学生比例对比图

此外，问卷中有 130 位了解或参与校际理财大赛的学生，他们中 90.77% 的学生都上过金融理财实验类课程，可知，由于金融理财实验类课程的覆盖性较差，导致法律、财务、计算机等相关专业的学生对金融理财的实验操作了解较少，以至于他们很少参与校际金融理财大赛，使得参与校际理财大赛的学生多为金融学院的学生，其他相关院系的学生很少，导致多数理财方案的模式趋于一致，创新性不足，以至于影响到我校参与全国性“未来理财师”大赛的学生，他们所设计的理财方案往往不能够结合多学科知识，创新性受到限制，导致获得好成绩的学生较少。

四、金融理财实验课程的改革建议

（一）实验教学与理论教学有机结合

理论学习的最终目的还是要回到实践层面，实验教学应与理论教学相结合，对于理论教学中比较抽象的内容，用实验教学的方式可以使学生在实验操作的过程中更为具体地理解其在金融理财行业中的应用，而非仅仅停留在理论层面。例如，实验教师可以将金融理财学课程中较为抽象的衍生品理财市场通过实验课程仿真模拟，让学生真切地感受到这个抽象的衍生品理财市场，以便于他们更好地理解这个理财市场的运作模式与实验操作。同时，一些关于统计、金融软件的实验课程也不能仅仅停留在对软件的操作教学层面，也应该联系金融理财的相关理论，以便于学生可以更好地理解该实验软件课程的理论依据与教学目的。如上述提到的实验软件课程大数据思维与应用不应该仅仅只停留在对大数据技术操作的教学层面，实验教师应该结合相关的金融理财理论知识，为学生讲解大数据技术怎么助力金融理财行业的发展、如何在金融理财业务中应用，给学生对这一抽象的技术更为具体的认知。

（二）实验教学内容应与时俱进

教材是实验教学的核心，其选用一定要遵循经典性、深入性、前沿性原则。经典性是为了保证教材内容不片面，被众多学者所认可，不容易出现歧义；深入性是为了让学生在熟练实验操作的基础上，对该实验操作背后的理论依据进行深入的思考；前沿性是为了让学生能学到当前金融理财业务的实验操作，提前熟悉日后工作中开展的金融理财业务。这三性原则意味着教材要不断更新，也要求教师与时俱进，不断学习金融理财行业的新知识。此外，金融科技、互联网金融的快速发展使金融理财行业瞬息万变，实验教师培养学生绝不能拘泥于教材，要在实验教学中适当扩展延伸当前行业里的最新进展，使学生能够学习到最新的金融理财行业的实验操作，以便于培养应用型金融理财人才。

（三）提升实验硬件设施与师资力量

高校应提升金融理财实验课程在专业课程体系中的地位，加大建设金融实验室经费的投入，建立更多金融实验室，安排更多金融理财实验课程，由只覆盖学校部分学生的选修课变为全覆盖的必修课，使学生具备大类专业平台操作能力。高校在追踪金融理财行业前沿业务的基础上，应该联合知名金融科技企业协同开发实验项目与软件，充分利用企业的技术、信息、师资资源。例如，校企联合开发智能投顾实验项目，通过该实验项目让学生接触到人工智能在当前金融理财业务中的运用。

高校应重组金融理财实验课程的师资团队，引入金融理财行业里的专家加入实验课程师资队伍，提升师资团队整体的行业实践能力。同时，提升校内教师自身的复合型知识体系，通过开展金融理财专业教师、信息技术专业教师、金融理财行业导师等专家的主题沙龙，各领域专家相互交流学习，开展主题研讨，提升各自不足的知识体系，由行业导师讲解当前行业里的最新状况，使校内教师能有机融合金融与信息技术知识，拓展校内教师的行业实践能力，便于他们更好地开展金融理财实验教学工作，有助于培养复合型金融理财人才。

（四）增加金融理财仿真模拟实验课程

为了加强学生对金融理财业务的整体感知，应该增加金融理财仿真模拟实验课程。引进相关模拟软件、模拟现实技术，构建不同类型的仿真客户，让学生模拟金融理财师，为电子仿真客户进行金融理财服务。

该仿真金融理财实验模拟课程的基本流程如图4－2所示，一般分为以下六个步骤：

1. 金融理财师与客户签订书面合同，合同中应明确金融理财师提供的服务、界定双方的责任、合作细节等；

2. 金融理财师收集客户的个人信息以便于他们从不同方面了解客户；

3. 金融理财师通过计算各项指标评估客户的财务状况、风险承受能力等；

4. 金融理财师需要结合多方因素，如客户的财务状况、风险偏好、理财目标等，提出对应的理财建议并与仿真客户进行讨论，听取其意见并进行合理修改；

5. 在双方达成一致后，金融理财师方可实施其理财方案，可与仿真的股东、律师、会计师进行协调；

6. 在金融理财方案实施的过程中，金融理财师在每阶段结束之前需及时向客户做出报告，一旦发现问题，及时修改理财计划。

此金融理财仿真模拟实验课程可以让学生熟悉金融理财基础业务的全过程，有助于培养应用型金融理财人才。

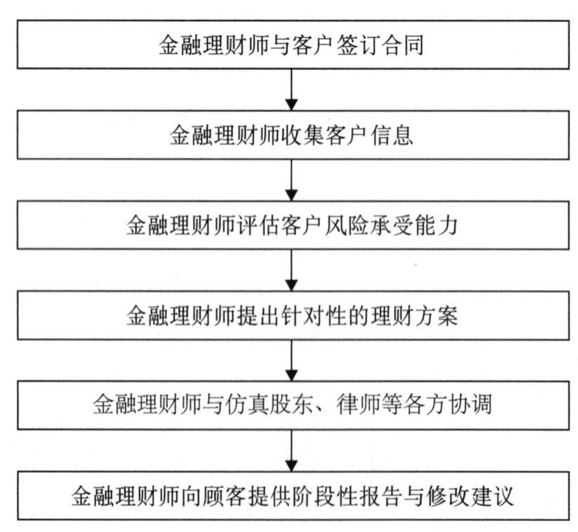

图4－2　仿真金融理财实验流程图

(五) 建设开放型金融理财实验教学网络平台

开放型实验教学是对传统实验教学模式的补充，它改变了传统实验教学的封闭性、固定性，同时其作为一个网络平台，更便于学生与教师的实时互动、学生与学生之间的联系、教师与行业导师的沟通。

金融理财实验教学网络平台模式如图 4－3 所示，该平台需要各个学院派出其实验老师，聘请多位金融理财行业导师，联合网络平台设计团队建设开放型金融理财实验教学网络平台，并实现覆盖不同院系的学生。不同院系的学生可以在该网络平台上自由组队，学生队伍要求不可同为一个院系。实验项目选题面向当前金融理财行业前沿性、实务性、学科多元化的课题，由高校聘请的行业导师给出大致方向与相关资料，学生可以根据自己的兴趣与能力自由选择所要进行的金融理财实验项目的主题，在该网络平台上自主寻找各学科教师、行业导师给予指导，利用金融实验室自主开展金融理财实验项目。此开放型实验教学的形式可以采用跨年级、跨专业组班、滚动开班的形式，对各专业的学生实现全覆盖教学，并对完成实验项目的学生给予学分、奖金鼓励，引导其参与针对全国大学生的“未来理财师”大赛，同时，将此作为高校教师的职称考核评价指标，行业导师、网络平台设计团队的薪资奖励指标。

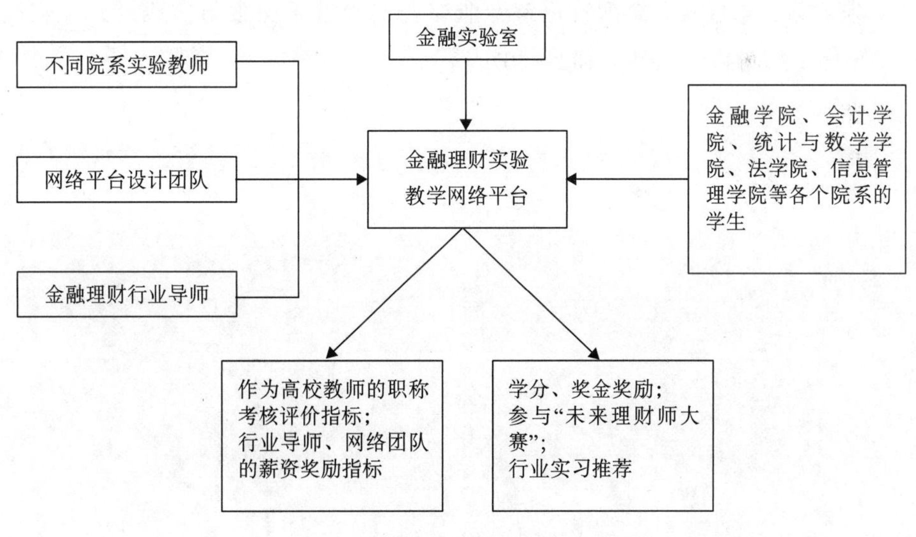

图 4－3 金融理财实验教学网络平台模式图

五、结语

为全面提高本科课程质量建设，融合现代化信息技术与课程教学，必须加强实验课程改革。本文描述了金融理财实验课程的现状，主要由课堂中的案例教学、基础软件教学及开展金融理财大赛三种模式构成，分析了这些模式的弊端，就这些弊端提出了关于金融理财实验实训课程的相应建议，望给高校的金融理财实验课程改革以帮助。

参考文献：

[1] 伦晓波，杨艺璇．金融理财行业的发展趋势与人才培养探究 [J]．中国商论，2020 (5)：50－51.

[2] 余玲，胡望斌．论综合性实验方法在金融专业实验教学中的应用——以商业银行实验教学为例 [J]．实验室研究与探索，2012，31 (4)：184－187.

[3] 张云，杨凌霄，李秀珍．Fintech 时代金融人才培养实验实训体系重构 [J]．中国大学教学，2020 (1)：24－30.

[4] 刘宁，漆腊应，索凯峰．打造“宽口径、全覆盖、多层次”的金融学实验课程体系 [J]．中国大学教学，2013 (12)：64－65＋76.

[5] 王小燕，阮坚，熊文渊．基于协同创新的金融 ERP 实验教学平台研究与实践 [J]．实验室研究与探索，2017，36 (3)：269－273.

[6] 朱亚莉，冯佳昕．金融特色跨专业综合实验教学探索与实践 [J]．实验技术与管理，2016，33 (11)：179－182＋207.

5　金融理财规划综合实验中 Excel 表的应用与分析问题研究

张珺涵*

摘要：理财市场的发展与新文科建设以实验为目的多学科整合的要求，使得既掌握专业知识、又掌握软件技能的复合型理财应用人才的培养需求增加。金融理财规划综合实验中 Excel 表的应用，使得学生能够将金融理财综合规划基本知识和背后的 Excel 表运算逻辑相结合，对于培养基础扎实、技术过硬的高素质复合型理财人才有重要意义。本文根据金融理财规划综合实验的教学实践，就学生在 Excel 表的应用及分析中存在的问题进行阐述，并深度剖析存在问题的原因，最后提出应对措施，期望能够为该实验课程的教学思路提供有益的参考。

关键词：金融理财规划综合实验；Excel 表应用；问题；原因；措施

一、Excel 表应用与分析的必要性

（一）掌握基本理财计算技能的理财人才的培养需求增加

由于经济发展带来的居民收入大幅增加、居民钱生钱意识增强，市场对于具有实操能力的理财规划人才需求旺盛。随着互联网的发展，虽然有诸如金拐棍等理财资讯平台的存在，使得为客户定制理财方案看起来变得相对容易，然而真正的理财规划背后蕴含着大量复杂的知识和计算，只是会操作软件是远远不够的。所有理财咨询平台的建立都是基于同样的理财规划知识逻辑和计算基础，万变不离其宗，掌握本质、传统的计算方法是培养学生理财技能的关键。

* 张珺涵，上海立信会计金融学院金融学院讲师，博士，研究方向：金融科技。

（二）高校金融理财规划实验类课程理论和计算结合程度不够

当前，已有部分高校设置了包含金融理财规划综合实验方面的课程。作为理论与计算结合程度较高的实验，很多高校在课程设置中存在重金融理论知识、轻实务的情况，而实质上很多金融理论知识在之前的课程中已经学习过了，不应是金融理财规划综合实验修习的重点。而作为一门计算性很强的实验，部分高校又存在注重对编程计算等计算机技术的教授，对于基础的综合计算知识和技术铺陈不全等问题。因此，借用较为简单的 Excel 表工具对综合理财规划进行分析，让学生同时学习金融理财综合规划基本知识和背后的 Excel 表运算逻辑，对于培养基础扎实、技术过硬的高素质复合型理财人才有重要意义。

（三）顺应新文科建设以实验为目的的多学科整合需求

新文科建设，是以现实问题为导向，以应用为目的促进学科交叉，促进学生熟练掌握现有理论知识，推动文科学科建设的发展。而金融理财规划综合实验中 Excel 表的应用与分析是集理论知识、技术和问题导向为一体，有助于训练学生的问题意识、计算能力和表达力及解决现实问题的综合能力，是践行新文科建设的有效教学措施。

二、Excel 表的应用与分析中存在的问题

Excel 表在金融理财规划综合实验中的应用与分析主要涉及以下四个模块。第一个模块是家庭财务状况分析与诊断，主要包括编制客户的资产负债表和收入储蓄表，并对财务报表进行诊断分析；第二个模块是编制生涯仿真表，主要依据客户的财务报表和理财目标编制客户的生涯仿真表；第三个模块是风险属性分析及资产配置，主要是确定风险属性分析的投资回报率，并进行相应的资产配置；第四个模块是客户理财目标的可行性分析及调整策略。Excel 表在金融理财规划综合实验中不同模块之间的应用与分析有着严密的逻辑关系，强调把学生设置在一定的任务情境中，通过一环扣一环的任务来激发学生的学习兴趣，完成对知识和技能的消化和吸收，但在教学过程中，发现学生在应用 Excel 表进行金融理财综合规划分析中存在以下诸多问题。

（一）家庭财务状况分析与诊断

1. 家庭财务状况分析与诊断的过程

（1）编制客户的资产负债表和收入储蓄表

金融理财规划综合实验中运用 Excel 表格计算的前提是数据。此步骤可以识别家庭中能用来做投资、实现理财目标的一些资源数据。

在家庭的资产负债表中，将家庭的资产分为流动性资产、投资性资产和自用性资产，家庭的负债分为流动性负债、投资性负债和自用性负债。分别将家庭资产负债中对应的项目归入对应分类之中。

在收入储蓄表中，将家庭的总收入分为工作收入和理财收入，将家庭的总支出分为生活支出和理财支出。工作收入减去生活支出为生活储蓄，理财收入减去理财支出为理财储蓄，生活储蓄与理财储蓄之和为总储蓄，总储蓄的运用分为固定用途储蓄和自由储蓄。

（2）家庭财务状况分析与诊断

通过分析财务报表，参照相应家庭财务比率指标，明确家庭的财务问题，从而有针对性地对未来进行合理的预算和规划。

2. 家庭财务状况分析与诊断中存在的问题

（1）负债和支出项目混淆

例如，在记录有贷款余额且正在本息平摊还款的住房按揭贷款时，很多学生将住房按揭贷款每期的还款额计入了资产负债表的流动性负债项目下，而实际上应计入收入储蓄表项目，应将每期还款的本金计入储蓄运用中的固定用途储蓄，将每期的利息支出计入理财支出。

（2）金额记录的基准点掌握有问题

很多学生在编制资产负债表和收入储蓄表的时候，混淆了期初值和期末值。例如，前年购入的当时价值 500 万的自用性房产，在资产项目下应考虑将其价值按照房价增长率折算到本期期初。资产负债表反映的是具体某一个时间点上的资产负债情况，这个记录的基准点必须统一。

（3）项目漏记、重复记录的现象

例如，将养老金账户余额等会生息的资产直接漏记，未列入投资性资产的项目下；将住房按揭贷款的每期还款额既计入流动负债，又计入理财支出和固定储蓄项目下等。

（4）对于固定用途储蓄、自由储蓄理解不到位

例如，未将储蓄型保费支出计入固定用途储蓄，未将车贷提前还款计入自由储蓄项目下。

（二）生涯仿真表编制

1. 生涯仿真表的编制过程

生涯仿真表是以客户目前的家庭财务状况为基础，结合客户的理财目标，在各项参数假设条件下，考虑在未来不同的时间点上客户家庭各项现金流入和流出，动态地模拟该客户家庭未来每年现金流（收支余额）的变化及累计的理财准备（可变现的生息资产）在各年度的情况，并计算内部报酬率，结合风险属性的投资报酬率测试各项理财目标的可行性。

2. 生涯仿真表编制过程中存在的问题

（1）各年度现金流的编制中存在的问题

一是对收入项目理解有误。例如，很多学生将理财收入编入生涯仿真表，而实际上在编制家庭的收入时，一般只考虑未来的工作收入，不考虑理财收入，因为流动资产会产生理财收入，当年产生的理财收入就包括在年底资产负债表的流动性资产当中，未来每年产生的理财收入在最后的累计理财准备部分会体现。再例如，将自用资产编入生涯仿真表中，而实际上只有自用资产（旧房或旧车）出售后的现金才放入生涯仿真表中。但需注意，房产投资的房租收入、实业投资的股息收入与变现股权收入也应考虑进入生涯仿真表的收入项目。

二是对现金流发生的期初值理解有误。例如，部分学生将家庭生活支出等的第一期的值记录错误。事实上，家庭的生活支出、父母的赡养费等，是以过去 1 年的支出现金流为期初现金流（CF0），因此第一期的值应该用期初现金流（CF0）乘以 1 加支出的增长率的和，生涯仿真表中期初无须记录金额。再例如，在购房规划中，只注意购房当年的房价市值调整，实际上应注意房价成长率，将房产价值换算到购房当年。

三是对某些现金流发生的方式不熟悉。例如，对按揭贷款方式发生的购房、购车，期初只发生首付，按揭还款从下期开始，且购房和购车的价值应折算到购房、购车当年计算。再例如，对于养老规划，如 65 岁退休，很多学生认为在 65 岁当年就开始领退休金，而实际上退休金是从下一年开始领取，退休当年是领工作工资。

四是对收支的正负号记录错误。在生涯仿真表中，收入记正数，支出记负数。部分学生在编制财务函数的过程中，会出现正负混淆的错误。

五是现金流增长率设计脱离实际。例如，对于生活支出增长率，一般会参考通货膨胀率并做调整，而不能随意设置太高的值。

（2）计算净现金流及内部报酬率时存在的问题

当年的净现值即当期发生的收入减去支出及理财目标所需现金流的净值，理论上结余可以是正数，也可以是负数。

在教学实践中，发现有学生在期初净现金流计算方面出现了问题，对可变现生息资产理解有误。期初净现金流（CF0）的金额为初始积累的具有变现能力的生息资产。虽然生息资产是流动性资产和投资性资产的加总，但不是所有的投资性资产都具有变现能力，此处应该去除投资性资产中变现能力较差的房产投资与实业投资，但房产投资与实业投资的租金、股息、变现股权收入等，应计入生涯仿真表的收入现金流。

由期初现金流量与规划期间各期现金流量，可算出实现长期理财目标所需的内部报酬率。一般只要净现金流计算不出错，此步计算不容易出错。但会有内部报酬率过高或过低的情况，影响理财目标的可行性。

（3）计算累积理财准备时存在的问题

累积理财准备（FRt）是指能够通过投资产生理财收入的具有变现能力的生息资产，是从期初截至第 t 期期末的除自用以外的具有变现能力的生息资产总和。期初的累积理财准备一般与净现金流的期初值相等。

在累积理财准备的计算中，学生也存在一定问题。例如，将自住住房列入累积理财准备，实际上资产中的实业投资、自住住房、公积金账户和养老金账户都不应列入生涯仿真表的理财准备，它们虽然生息，但不属于可变现的生息资产范畴，有自身的收益率。

（三）客户的风险属性分析及资产配置

为了确保理财规划的可行性，应针对客户的家庭负担和主观风险偏好，衡量客户的风险承受能力和风险承受意愿，得出风险属性的投资报酬率，以此来为客户提供资产配置建议。这一部分，学生在大类资产配置的收益率计算方面容易出现问题。

例如，通过风险属性分析得出大类资产配置比率后，如 10% 货币基金、30% 债券、60% 股票。通过历史数据分析得出这三种大类资产预期报酬率和标准差以后，在计算投资组合的预期报酬率和标准差时，容易出错，投资组合理论相关的基础知识掌握不牢固。

（四）理财目标的可行性及调整策略

只有客户未来各期的累积理财准备均为正，且内部报酬率低于风险属性的投资报酬率时，才能说明理财目标可以实现；对于内部报酬率无法算出的情况，以风险属性的投资报酬率计算的各期累积理财准备均为正，则目标也能实现。学生在这里的计算一般不容易出错，然而在理财目标不可行时的调整策略方面，容易出现以下问题。

1. 对于累积理财准备为负的情况，考虑借款的年份太多

例如，理财准备中有连续 12 年都为负值且金额巨大，即使以后年度多余的现金流量能够偿还，但连续多年用借款的方式弥补累积理财准备，不是一个合适的调整方案。

2. 目标无法达成时，对于收支现金流调整随机性比较强

当目标无法达成时，一般可放弃或缩减非必需的理财目标，之后才是必需的理财目标，例如买房可考虑延长时间、子女教育中出国留学等可取消，仍然无法达到目标时，再考虑缩减开支、提高储蓄额度。理财规划的目的是一生的平稳生活，不能本末倒置。当出现理财目标无法达成时，不能随意取消必需的如子女教育、养老等规划。当然，具体的调整方案是以客户的特点为准。

三、Excel 表的应用与分析中存在问题的原因分析

（一）基础知识掌握不牢固

由于金融理财规划综合实验的综合性较强，要求学生在修习时必须具备一定的前期基础。理论知识方面主要包括金融学、金融理财学、投资学、会计学、统计学、计量经济学等，技能方面主要包括 Excel 财务函数的使用、货币时间价值的运用、资产组合理论和资本资产定价理论的运用等。目前，教学中发现学生在编制家庭财务报表、Excel 的财务函数计算方法、货币的时间价值、资产组合理论的运用等方面都存在一定的问题，学生的理论和技能基础需进一步夯实。

（二）教学内容连贯性不足

由于金融理财规划综合实验的逻辑性较强，计算量较大，对于理论知识某个点的理解不到位、一个计算点的计算失误，都会影响整个理财规划的结果，这样学生很容易迷失在 Excel 的计算当中，而在计算的连贯性和金融理论的运用上有所缺失。目前，金融理财规划综合实验的教学内容基本也是分模块展开，不同模块之间的理论运用和计算连贯性较差，当需要学生做一个完整的理财规划的时候，容易出现很多意想不到的错误。

（三）课程考核机制不合理

目前，金融理财规划综合实验的考核主要分为平时成绩和期末成绩，期末成绩比例相对较高。平时成绩主要分为考勤、课堂交流互动、课堂练习等打分，期末考核主要采取撰写综合理财规划报告的形式，基于报告进行期末打分。

在平时成绩方面，计分的课堂练习主要集中在货币的时间价值及一些基本的计算等方面，不能反映学生对于理财规划不同模块的学习、掌握情况，同时对于重视考核结果的学生不能达到很好的学习激励。

在期末成绩方面，对于期末实验报告打分往往从选题、结构完整性、结论分析、创新性、应用性等几个角度打分，而金融理财规划综合实验的综合性、结构性、计算性较强，仅从形式上打分往往不能激励学生达到应有的学习效果。

（四）学习实践兴趣不足

目前，学生可参加的对接金融理财规划综合实验的实践活动就是金融理财大赛等各种大学生理财赛事。对于不参赛的学生，如此烦琐的知识和计算，往往使他们学习兴趣不足、学习动力不强，相对于理财规划，学生们更青睐投资实务这种即时可用的技能。

四、应对措施

（一）夯实基础知识

为了进一步夯实学生的基础知识，巩固所学的金融理论知识，实现一些重要计算，在实验教学早期可设计以下三个方面的阶段性实验。

1. 基础理论训练性实验

在此部分可加强对于金融理财的基本知识，如家庭生命周期理论、货币的时间价值理论方面的铺垫与计算训练。可采用案例分析的形式，提升学生运用相关理财理论分析实际问题的能力。

2. 基础技能训练性实验

主要训练学生会用 Excel 公式中的财务函数如 PV、FV、PMT、PPMT 等进行基本的理财计算。夯实学生的计算基础。

3. 综合训练性实验

主要通过理财实务方面分析题的设置，训练学生利用理论知识和 Excel 财务函数分析、解决问题的能力。

（二）采用案例教学

为了降低学生的工作量，让学生从大量重复的计算中解脱出来，专心消化吸收金融理财规划的全过程，可在金融理财规划综合实验主体的四个模块即家庭财务状况诊断、生涯仿真表编制、客户的风险属性分析及资产配置、理财目标的可行性及调整策略的教学之前，由教师示范，让学生自主设计案例，采用以解决问题、完成任务为主的多维互动模式，引导学生基于自己设计的案例进行分模块练习，在“用中学”的过程中提高学生的学习吸收能力，培养学生独立探索、解决问题的能力。

同时，可组织经验丰富的教师编著实验讲义或教材，便于学生参考查阅，让学生对于金融理财综合实验的知识点和技能有全局把握，提升学生学习的连贯性。

（三）重视过程考核

应建立基于过程考核的机制，把考核贯穿于课程学习的全过程之中，考虑学生对于课程的吸收程度，而不是大比例依赖于期末考核。

1. 平时考核

除了考勤、课堂交流等学习态度方面的评价，还可细化平时实验报告考核，反映学生在整个学期的学习过程。由于金融理财综合规划整个流程分为四个模块，可要求学生分别独立进行每个模块的课堂实验练习，再分团队进行讨论完善。最后的考核形式是学生提交的课堂实验报告及小组讨论汇报，考核单个学生对不同模块知识的掌握程度及团队协作精神，小组讨论和汇报环节要重点考核学生做了什么，将课堂交给学生，注重讨论的开展与过程汇报，通过对讨论过程的客观评价，对学生的自主学习形成激励，培养学生的独立思考和团队协作能力。

2. 期末考核

为了确保学生的学习效果，可要求学生分团队将平时实验报告的案例设计及模块练习组织起来，撰写成为一份完整的理财规划综合报告作为期末实验报告，并进行课堂PPT 汇报。考核方式分为期末实验报告及课堂汇报。课堂汇报时可要求每个小组详细介绍报告的计算过程，同时重点汇报相对小组成员平时的课堂实验报告，最终的综合实验报告做了哪些调整和工作。指导老师引导学生发现其报告中的优点、不足，错误的地方及时指正，确保学生真正消化吸收。

（四）邀请实务师资

由于高年级的学生最关心的问题往往和就业挂钩，因此可在实验教学过程中邀请业界的理财专家进入课堂，为学生的综合理财规划实验报告作评审，并针对金融理财规划的实际和前沿问题进行介绍，从而保持该课程的时效性，激发学生的学习兴趣。

五、结论

总之，金融理财规划综合实验中 Excel 表的运用需要繁杂的基础知识及严密的逻辑运算，高校教师在实验教学中应综合把握课程的特点，以培养既掌握专业知识，又掌握软件技能的复合型应用人才为己任，为行业和市场培养基础过硬的人才。

参考文献：

[1] 崔惠颖．虚拟仿真实验教学在行为金融课程中的应用——基于新冠肺炎疫情时期的教学实践［J］．商业经济，2020（11）：189－191.

[2] 谢家泉．基于金融计量综合实验课程的过程性考核机制探索［J］．黄冈师范学院学报，2018，38（4）：47－48.

[3] 邢钰．金融科技背景下金融学专业实验课程教学研究［J］．贵阳学院学报（自然科学版），2020，15（4）：92－94.

[4] 吕大永，刘晶．量化投资模拟实验在金融科技本科教学中的设计与应用［J］．科教文汇，2020（35）：126－127.

6　体验式教学在反洗钱和反恐融资实务操作课程中的运用

周叶菁　王剑威*

摘要：在金融业快速发展、支付结算工具不断创新的背景下，如何培养理论扎实和技能娴熟的应用型反洗钱人才，是高校和企业共同面临的问题。反洗钱和反恐融资实务操作课程旨在通过将理论和实操相结合，加强课程的应用性，其中体验式教学是实现这一目标的重要手段。体验式教学的成功开展重点在于课程设计、教师组织和考核优化。

关键词：反洗钱；体验式教学；金融实验

在金融业快速发展、支付结算工具不断创新的背景下，如何培养理论扎实和技能娴熟的应用型反洗钱人才，是高校和企业反洗钱和反恐融资实务操作课程业共同面临的问题。本文以金融学院反洗钱与合规方向为例，重点探讨反洗钱实验课如何通过设置场景、开展体验式教学，将理论和实操相结合，有效提升反洗钱实务操作课程的应用性，增强学生在反洗钱领域解决实际问题的能力与技能。

一、体验式教学运用于反洗钱实验课的必要性和可行性

反洗钱和反恐融资实务操作是一门面向金融专业反洗钱与合规方向学生在大四上学期开设的实践类必修课程，旨在将学生过往习得的反洗钱与反恐怖融资基础知识，以及相关的金融和法律专业知识，运用于实践，帮助学生学会识别金融机构实际经营中可能遇到的洗钱与恐怖融资风险，并采取恰当的应对措施缓释风险，同时在实践中加深对理论的认知，建立起反洗钱与反恐融资的完整知识谱系和技能工具箱。基于应用型大学的定位，以及金融专业反洗钱与合规方向的人才培养目标，反洗钱和反恐融资实务操作课

---

* 周叶菁，上海立信会计金融学院金融学院讲师，博士，研究方向：数字金融、金融监管。王剑威，上海立信会计金融学院金融学院本科生。

程主要呈现以下三个特点。

一是核心价值观的充分体现。首先是法治意识，反洗钱和反恐融资实务操作课程要求学生掌握与之相关的法律规范，要求通过教学使学生理解金融从业人员及各类金融机构在反洗钱和反恐融资中的法律责任，并在未来的职业生涯中依法履行反洗钱和反恐融资的义务和职责。其次是伦理规范，法律无法枚举实际工作和生活中可能出现的所有洗钱场景，无法对所有各类行为做出规范，在金融机构的实际运行中，也存在很多需要做出主观判断的反洗钱场景，因此必须在教学中引导学生关注虽不违法但不道德的职业行为，关注个人利益和集体利益、金融机构利益和社会责任发生冲突的情况，培养学生的金融伦理观点，增强学生的逻辑分析与理性思维能力，帮助学生学会从金融伦理、社会责任及多元利益相关方的角度出发，正确分析和恰当处理在金融反洗钱领域可能遇到的两难问题。

二是跨学科融合的充分体现。在反洗钱和反恐融资实务操作课程中，与反洗钱知识直接相关的学科门类至少包括经济学、管理学和法学，而开展反洗钱工作通常还要求熟悉支付结算等金融产品、会计审计等金融技能、数据分析等统计技能，甚至计算机系统等方面的基础知识。此外，随着我国金融国际化进程的推进、跨境和海外业务的发展，出现了较大的涉外反洗钱人才需求，所以英语甚至小语种的语言能力也成了反洗钱工作有效开展的必备条件。

三是市场实践性的充分体现。反洗钱和反恐融资实务操作课程定位于实务操作，旨在培养应用型人才，弥合反洗钱和反恐融资基础教程和行业实践之间的落差。反洗钱基础教程主要涵盖反洗钱和反恐融资的基础理论和主要原则，而金融行业反洗钱实践中会面临各种各样形态不一的洗钱和恐怖主义融资场景，且模式和手段持续更新，这一点在数字金融的时代大背景下尤为突出。因此，如果缺乏真实场景下的教学，将很难实现反洗钱和反恐融资实务操作课程的教学目标。基于课程实践性的特征，必须设置接近市场实践的较为真实的场景，引导学生在场景中将理论、知识与行为相融合，提高解决实际问题的能力。

体验式教学又称“情境教学法”或“情境体验式教学”，是通过情境创设，组织学员直接或间接参与，在参与中获得真实的个人体验，从而触动心灵、提升认识的一种教学方式（袁崇安，2015）。体验式教学是一种把情感、观念、认知和行为融为一体的学习过程（Kolb，1984）。体验式教学强调以学生为中心，以行为为导向，即学生在教师设定的情境中观察、理解、讨论，并作出行为决策。鉴于体验式教学的目标和原则与反洗钱和反恐融资实务操作课程之间存在的一致性，初步判断将体验式教学运用于反洗钱和反恐融资实务操作课程有助于促进学生思考与学习，有助于提升学生解决实际问题的能力，有助于课程目标的实现，因此，我们在反洗钱和反恐融资实务操作课程教学实践中，采用了场景体验式的教学方法，较好地实现了课程目标。

二、体验式教学运用于反洗钱实验课的方式与效果

（一）教学理念

建构主义认为知识不是通过教师传授得到的，而是学习者在一定的情境下，借助他人的帮助，利用必要的学习资料，通过意义建构的方式而获得的，强调学习者的主体作用。建构主义学习理论改变了师生角色，由传统的教师主动、学生被动的“教—学”单向线性灌输模式，转变为以学生为主体、教师为引导的往复建构模式；学生知识的建构与迁移需要借助学习环境——任务情境，任务情境是由教师根据真实世界任务设计的，蕴含知识和智力操作，强调真实性（罗英豪，2006）。

基于建构主义理论，结合反洗钱和反恐融资实务操作课程特点，我们将多专业知识融合，设计接近真实行业实践的场景，作为学生学习的任务情境，在仿真情境中，学生通过体验与互动，完成知识的迁移，提高实际操作能力，同时强化法制意识和金融伦理观念。

（二）教学过程

1. 知识点梳理

按照知识图谱的方式，我们梳理了与反洗钱和反恐融资领域相关的反洗钱、金融学、商业银行学及法律等课程的知识体系，以业务场景为背景，将知识节点化，并根据具体场景形成场景化的知识网络。针对不同场景下的不同任务，建立知识点、线、面的网络。

2. 场景的设计

场景的设计是体验式教学有效运用于反洗钱和反恐融资实务操作课程的核心环节。其一，场景的设计必须覆盖反洗钱与反恐融资的重要知识点、有难度的知识点。例如，在反洗钱和反恐融资的客户身份识别这一知识节点上，我们设计了一个综合性的场景，如下：2019 年 7 月 27 日下午，福建省晋江市市场监督管理局接获通报，某洗浴服务中心营业执照上的注册地址登记的是该市公安局的厕所，该洗浴服务中心以此地址，在 A 银行完成了开户，在 B 银行完成了贷款，成了 C 支付公司的收单特约商户。上述场景部分源于真实案例，后续金融业务场景的设计旨在帮助学生更好地掌握开户、贷款及支

付业务中的不同客户识别要求。

其二，场景的设计必须来源于行业真实的实践，以帮助学生提前熟悉行业实际操作情况，提升在实际操作中解决实际问题的能力，为未来的职业发展打下坚实的基础。例如，在反洗钱和反恐融资的客户身份识别这一知识节点上，我们设计了一个场景，即金融机构与企业客户首次建立业务关系时，金融机构的经办人员怀疑前来办理业务的企业法人非本人，这是一个源于银行业的业务场景，需要银行工作人员保持应有的专业审慎，在业务合规要求逐条核对的基础上运用专业知识和合理怀疑，采取有效措施实施核查，同时不引起客户关系的恶化。

其三，场景的设计需与金融专业大四学生的生活、实习或过往学习经历有所联系，以更好地吸引学生的关注度，提升参与度，因为大四上学期的学生往往需投入大量精力到求职、研究生入学考试、公务员考试、出国考试及司法考试等准备中，课堂时间的投入程度对于授课教师而言是一个不小的挑战。

3. 问题式教学

在具体的场景之下，问题的设计是实现问题式教学的一个最为重要的前提，问题需生成于学生已有的认知或已学习的内容，通过问题的描述应能吸引学生主动探究问题的本质，在探究的过程中需能再次整合学生已学到的知识和为答疑而正在学习的知识，从而为问题的回答或解决提供多元的答案或方案。问题导向，学的不仅是知识，更是面对问题的态度，搜集资料、团组讨论、多向思维、换位思考都应该是学生从中逐步学会并掌握的方法。在反洗钱和反恐融资实务操作的教学实践中，事后证明能够激发兴趣、引发思考，促使学生主动学习、互相分享知识的问题具有以下特质：一是能引起学生注意和兴趣的、源于真实世界和实务案例的问题；二是能与学生的金融经验或知识相关联的问题；三是能从教师、同学或外界获得反馈，促使学生反思的问题；四是答案或解决方案是开放且具有挑战性的问题。例如，在客户资料保存这一知识节点上，我们提出了如下问题：如果在支付宝删除了交易记录，还能查得到吗？问题迅速引起了学生的兴趣，学生积极参与讨论，深度思考，在强化知识掌握和运用的基础上，也提出了自己的观点。

4. 讨论与复盘

第一步，针对设计的场景和问题，将学生进行分组；第二步，组织学生以小组为单位进行讨论；第三步，要求学生以口头或书面形式报告，即在课堂口头陈述小组讨论结果，或书面记录讨论结果并提交；第四步，教师讲授相关知识与实际场景中可以采取的一些洗钱风险管控措施；第五步，要求学生在教师讲解之后进行复盘，反思自己之前的判断与应对；第六步，要求学生再次记录复盘后的讨论结果，并口头或书面报告。当然，根据场景和问题的难度及课时安排，可对上述步骤进行调整或整合。

5. 多元化考核

鉴于反洗钱和反恐融资实务操作课程的特点，以及所采取的场景式体验教学方法，我们在细化教学大纲规定的考核比例时，重点突出了过程考核，即突出学生在整个学期每个主题的学习参与度和课堂表现，并在学期开始即将这一考核重点告知学生。对于大四学生，考核对于学生课程学习的引导和激励作用虽有所下降，但至少在课程的导向和重点上，从开学伊始即向学生传递了非常明确的信号，有助于学生更主动地将课程学习与其未来职业发展相配，从而更好地实现本课程的教学目标。

（三）教学效果

总体而言，对反洗钱和反恐融资实务操作这门课程教学效果的检验存在较大的挑战。课程旨在提高学生对洗钱风险的识别和分析能力，让学生学会如何应对在金融反洗钱实务中遇到的利益冲突，并做出恰当的职业决策，帮助学生在金融机构从业人员和金融机构两个层面学会如何改进反洗钱的举措与制度安排。在反洗钱前期课程的基础上，这门实务操作课程在多大程度上提升了学生应对不同类型金融机构的不同洗钱场景的能力，较难进行量化评估。

可以观察到的是，通过场景体验式教学方法的应用，反洗钱和反恐融资实务操作这门课程首先吸引了大四学生的关注度和参与度，学生投入了课堂和课外时间来完成本课程的学习。其次，场景体验式教学促使学生就相关问题开展了积极思考，同时教师的引导与学生的反思又促使学生进行更为开放的思考，理解反洗钱并不是对照法规打钩的过程，而是需要跳出利与弊，跳出成本与收益，跳出个人和小团体利益，不仅要确保自身遵纪守法，更要从国家利益、社会责任、金融伦理道德等角度来思考实践中遇到的真实问题。最后，场景体验式教学促使学生开始思考在自己未来的职业生涯中，如何提升自我的能力，更好地发挥自己的作用，完善所在机构甚至整个行业的反洗钱和反恐融资水平，实现个人发展和社会发展的有机统一。

三、总结与不足

反洗钱和反恐融资实务操作课程作为一门跨学科的实务操作课程，若仅依靠传统的课堂讲授将难以促使学生产生有效的学习迁移。场景体验式教学方法的应用，依靠场景和问题的设计、课堂的组织及有针对性的考核方式，显著提高了学生的学习兴趣和参与程度，有助于学生主动识别、分析和解决金融机构存在的洗钱与恐怖融资风险，既进一步夯实了学生的反洗钱基础知识，又提升了反洗钱技能，更重要的是，有助于强化学生的核心价值观，主动将个人发展与社会发展有机结合，更好地以自身所学为我国金融业健康发展贡献力量。

当然，洗钱行为的复杂多变，金融创新的快速演进，都对高校反洗钱和反恐融资实务操作课程提出了很大的挑战，学习的时长和强度与行业所需仍存在较大差距，学生可以获得的学习资源也较为有限。未来，应充分利用数字技术，开发数字化的场景体验式教学，将更多专业知识融入其中，以市场和行业发展的现实情况为依据，建设线上的场景教学资源库，形成以学习者为主体、以核心素养发展为中心，借助信息化教育手段、在线上和线下混合完成学习的综合教学模式，满足不同学生不同程度的学习和发展需求，培养更加适应市场需求的应用型反洗钱人才。

参考文献：

［1］罗英豪．建构主义理论研究综述［J］．上海行政学院学报，2006，7（5）：86－90.

［2］袁崇安．发挥体验式教学的优势［N］．学习时报，2015－12－28.

［3］［马来］赛米．问题导向学习（PBL）指南［M］．王维民译．北京：北京大学医学出版社，2012.

［4］蔡宁伟，郭晓旸．中国反洗钱监管的制度演进——基于反洗钱“四大核心义务”的思考［J］．金融理论与实践，2020（9）：10－17.

［5］陶士贵，相瑞．基于大数据技术的商业银行反洗钱风险识别“穿透”研究［J］．金融发展研究，2020（7）：73－78.

［6］Kolb，D. A.. Experiential Learning：Experience as the Source of Learning and Development［M］. Englewood Cliffs，NJ：Prentice Hall，1984.

7 应用型财经高校开展金融分析报告写作实验课程教学的探讨

——基于新文科和金课建设的背景

徐笑丁 吴昱正*

摘要：本文基于教育部倡导的新文科和金课建设背景，针对应用型财经院校在开设金融分析报告写作课程的实验教学过程中，就提升实验课程地位的认识，密切结合教育部的部署，创新地设计与实施实验教学，更好地服务于教学和本科金融人才培养，满足社会和行业的需求，以及在实验教学中的成果与反思进行了深入探讨。

关键词：实验课程；金融分析报告；应用型财经院校

新文科的建设始于2020年11月，教育部召开的新文科建设工作会议上发布了《新文科建设宣言》，对新文科建设做出全面部署。高教司司长的主题报告提出了构建世界水平、中国特色的文科人才培养体系，以培养未来社会科学家为目标，建设一批文科基础学科拔尖人才培养高地。聚焦应用型文科人才培养，既要模式创新，也要加强高校与实务部门、国内与国外"双协同"，完善全链条育人机制。在此背景下，原来财经院校开设的不少应用分析型课程，其主导思想就是在实验教学中启发学生的创新性思维、综合分析能力、数据收集及表述与表达等综合能力。

另外，2018年教育部也提出了建设金课的概念和标准，归结为"两性一度"：高阶性、创新性和挑战度。高阶性，就是知识、能力、素质有机融合，培养学生解决复杂问题的能力。创新性体现在三个方面，课程内容有前沿性和时代性，教学形式体现先进性和互动性，学习结果具有探究性和个性化。挑战度是指课程要有一定难度（吴岩，2018）。

* 徐笑丁，上海立信会计金融学院教师，主要研究方向：国际金融、国际结算、金融市场与机构。吴昱正，上海立信会计金融学院2017级金融学（国际金融3班）本科生。

在以上双重背景下，我们新开设的金融分析报告写作实验课程，是符合新文科背景下实验教学发展方向的，同时，由于课程自身的起点和复合程度高，符合金课建设的长远目标。此外，也顺应了时代发展、新形势、新要求的变化，应当扎实推进，不断改革和创新。

一、金融分析报告写作实验课程的概况

（一）实验课程建设的文献研究

近年来，国内高校对于实验教学的重视程度不断上升。而应用型本科教育在发达国家的高等教育体系中则比较普遍。对于国内应用型财经本科院校而言，需要克服一种轻视实验教学，盲目推崇理论化学术研究的偏见，需要认识到实验教学与理论教学相辅相成的关系是天然的。

国内学者也有类似的看法。如孙连荣（2003）认为实验教学在培养学生综合素质和能力方面具有其他教学环节不可替代的作用；肖伟才（2011）把实践教学环节分为常规实践教学环节和高层次实践教学环节，认为高层次实践教学环节是培养高阶应用人才的主要途径；张小林等（2007）探讨了设计性实验的教学实践；谢和平（2017）则强调推进创新创业教育改革，作为全面深化本科教育教学改革和提升教育质量的突破口，贯穿于人才培养全过程。

（二）金融分析报告写作课程的性质与定位

1. 金融分析报告写作的实验课程属性

实验性课程，包括了验证和设计实验。前者基于重大理论或者模型，要求学生复制实验过程，并分析相关结论。后者往往要求学生根据任务查阅数据文档，或者自己安排实验步骤独立完成相关工作并撰写实验报告，财经院校本科生虽然未来从事的金融分析工作与理工科有所不同，但是在实验流程和实验教学原理上是一致的。

2. 本课程从属于实践教学

一般而言，实践教学是平行于理论教学的常见形式，包括了课内外实验、实习、设计、社会调查等。旨在使学生直观地验证专业知识，提高认知和实际应用能力，就文科专业而言，也是提供应用分析和报告撰写的过程。因此，本课程归于实验实训课程体系是合理的。

（三）金融分析报告写作课程的特点

1. 前沿性

由于金融分析报告内容上紧密结合金融行业的发展，在近年来金融市场主体业务不断从传统间接金融向与直接融资市场并行发展的态势下，加上国外商业银行、投资银行参与国内金融市场的程度不断提高，国内银行类金融机构的专业分析报告的内容、形式和要求也发生了很大变化，如投资银行、银行理财的对内、对外分析需求，而非银机构的金融信息业务也在快速发展，对于从业人员和金融专业毕业生提出了较高的能力要求。这种情况下，本课程的内容设计尽可能基于行业动态需求，不断更新，甚至根据最新实务发展，自行编写教案，设计实验方案。

2. 综合性强、设计与实施难度高

本课程需要学生具备经济学、统计、金融学、方法论以及必要的计量分析和计算机编程的前期知识，涉及多个交叉学科的知识面，属于文理科复合课程。同时，还需要在实验过程中不断提高学生的思辨能力。因此，要实现较好的实验效果，对于教师进行实验设计、知识比重、实验形式和过程提出了较高要求。

3. 模块化设计，可调节性、可更新性强

由于金融行业的研发业务创新和信息化、智能化发展很快，因此在内容和形式上，根据研究分析流程，以及数据处理和软件辅助分析技术在研报工作中使用的节点，我们分别设立了数据搜集和梳理、处理和分析等独立实验模块，并可以根据实际研究工作对象、形式的变化，增减或修改对应模块内容，而总体实验进程、时间不会受影响，保持了教学延续性。

二、本课程的实验设计与创新

（一）基本出发点

作为实验教学，金融课程设计应以学生为出发点，在教学实验中强化学生的中心地位，以学生为中心就是要突出学生的独立思考和主动性，同时结合新文科和金课的指导精神，设立难度大、合成度高、贴近实际的高水平实验任务，进而锻炼和提升学生的应用分析能力、创新能力、团队协作和组织能力。

（二）主要实验内容

整体实验的设计，主要立足实践，同时作为新开设课程，在没有先例可以效仿的情况下，教学团队一边摸索一边开展教学，设计了以下核心实验模块。

1. 数据和文献报告的搜集、预处理实验：主要包括各种数据库的使用，不同数据的搜集及删选、再处理等，为数据化分析提供基础事实和依据。

2. 数据的分析与可视化实验：利用多样化数据分析方法，结合不同分析任务和对象，开展多维度分析。

3. 宏观经济与金融分析报告分析与写作实验：根据监管部门和投融资的信息需求，提供综合性的全球、国内宏观经济分析报告。

4. 行业金融分析报告实验：为金融机构的主要客户，提供中观层面的行业研发报告。

5. 公司金融分析报告实验：根据具体企业、公司的经营和财务信息，提供综合评估分析。

6. 金融产品与市场分析报告实验：结合主要金融工具的估值、风险，以及金融市场的动态，提供阶段性分析。

以上模块在内容上循序渐进，其中数据分析实验为后期实验奠定了重要基础，分析方法可以根据不同要求进行调节。如偏重学术研究，则可以调整为基于计量软件的数据分析；如偏重实务，则可突出数据平台和必要的估值模型，并在每个对应模块前后设置讲解环节，对所需的前期知识、方法结合实例进行讲授和讨论。

（三）实验实施手段与考核

1. “学生为主 、教师引导”的模式

由于大量前期知识与资源需要教师提供，学生也必须回顾前期课程相关知识和方法，因此学生必须进行课前自主预习和准备，包括扩展知识、软件及数据处理。意味着课堂讲授占比一般不超过30%，教师提供案例、方案和任务，以及必要的实验指导方法来引导学生预习，做好预备方案和计划，实验前介绍要点、流程、思路和常见问题。学生实验过程中及时向教师反馈，并训练时间管理、任务分担和独立思考能力，完成文书和数据、通信等相关工作。

2. 科学合理预置任务与考核

根据每个实验模块，教师针对每一模块的重点环节和领域分别设立分支性任务，如宏观分析写作实验分为宏观数据综合解读、经济周期分析、政策解读及综合性分析报告实验部分。在考察标准上有多样化、针对性的安排，如数据分析部分，有定量标准，如数据种类数量、过程与形式的完备性；也有定性标准，如信息真伪、结论合理。

此外，实验课教学过程完全采用计算机管理并不合适，计算机管理并不能完全取代人工管理。人性化教学指导在信息化实验环境中，对于学生非常必要，尤其是遇到突发意外和错误的情况下，实验教师的实时指导，可以达到更好的教学效果。而部分定性分

析实验则必须通过人工开展。

（四）实际实验教学效果的回顾与评估

1. 实验成绩与成果达到了预期的教学目标

从实际各个实验模块的成绩来看，学生定量化的数据处理成绩比较理想，解读分析良好，有提升余地。行业与公司分析报告内容质量比较好，可读性、逻辑性强，宏观分析稍弱，说明学生的前期经济学素养和训练可以进一步提升。

2. 学生上机实验积极性较高

由于本课程的内容和设计贴近金融机构的环境和要求，大多数学生非常感兴趣，积极参与课堂训练，努力完成实验任务，甚至也有在业余时间积极搜索相关资料完成附加任务的学生。

3. 学生创新能力得以体现和提升

在超过半学期的实验教学中，有很多知识点和操作事项并没有事先提供，而是学生在实验过程中自己熟悉，并总结出了不少自己的技巧和经验，体现了学生在信息处理和分析上的创新。例如，完成宏观分析实验报告的过程中，分项目搜集与整理数据的同时，还需要进行整合和讨论，各分析小组都高效地利用团队合作和分工，准时提交了分析报告。

三、实验教学中存在的问题及建议

（一）设置学期不合理，导致学生出勤率受到影响

本课程按照现在的本科培养计划，设置在第四学年的第一学期，也就是毕业学期，但此时将近70%的毕业生正在准备考研、出国及寻找就业单位，经常会有少量学生请事假，外出办理各种事宜，导致这些学生实际的实验过程经常被中断，不能完成教学过程，部分作业设置考核受到影响。从实际教学内容和教学目标看，可以尝试将本课程设置在本科生第二、第三学年，与相关的专业课如金融学、投资学同期进行，体现了综合性实验课程的同步性。虽然学生在某些内容上不能完全衔接，但由于本课程的应用特点，也进一步激发了学生在其他平行课程上的学习兴趣，形成相互补充、相得益彰的效果。

（二）缺乏优秀教材

目前，国内开设本课程的院校不多，在类似课程设置上也偏重于理论分析，教师也

缺乏相应的从业经验，所需的综合分析能力比较欠缺，没有相关的教学内容积累，也无从谈起相应教材的撰写，而金融行业实际在使用的各种培训手册，多为从业人员根据自己工作当中的需要自行编写，行文内容上的要求尚未统一，因此在市场上缺乏真正意义上的针对性教材。

（三）师资队伍的行业资历需要提升

目前，财经院校大多数专业教师经管教育背景良好，但基本缺乏行业从业经历。在涉及宏观经济和金融分析时，过于偏重理论和实证研究，偏离了教学目标，教学效果有所折扣。而具备金融研究经验，掌握大量一手金融信息的专业分析人员，行业薪资待遇远高于教育行业，因此大都缺乏到高校任教的意愿，导致本课程对口的双师型教师比较缺乏。这样在涉及非常具体的行业与企业分析报告内容时，在职教师在实验内容、深度与广度、研发流程等方面是与实际行业环境有一定差异的，这导致实验仿真的预期目标难以完全实现。对此，需要统一在人才引进上的共识，力争结合财经院校的定位，加强从金融行业引进既具备良好教育，又有丰富研究经历的双师型人才。同时，继续加强院校与行业的产教融合，推动行业专家进课堂，让在职教师到金融行业实习和挂职锻炼，促进院校和机构的深度合作，以期在不远的将来实现师资队伍的持久提升。

综上所述，在目前国内高校面临改革的重要时间节点上，经济管理类专业的学生也面临着新文科建设的新要求与自身课程当中的新问题。对于金融分析报告写作这门课程来讲，如何结合实验课程定位，基于应用型金融人才培养的定位，在课程设计、应用方法上需要进行更深入的思考与探讨，积极地向行业取经，用好当前的师资，引入相应的社会资源以更好地为专业发展和人才培养服务，并精益求精，按照新文科和金课建设的目标和标准，持之以恒，不断创新。

参考文献：

［1］吴岩．建设中国“金课”［J］．中国大学教学，2018（12）：4－9.

［2］孙连荣．高校实验教学模式的研究与探索［J］．实验室研究与探索，2003（1）：4－5＋12.

［3］肖伟才．理论教学与实践教学一体化教学模式的探索与实践［J］．实验室研究与探索，2011，30（4）：81－84.

［4］张小林，周美华，李茂康．综合性、设计性实验教学改革探索与实践［J］．实验技术与管理，2007（7）：94－96.

[5] 谢和平. 以创新创业教育为引导全面深化教育教学改革 [J]. 中国高教研究, 2017 (3): 1-5+11.

[6] 洪林, 王爱军. 应用型本科高校实践教学改革与创新 [J]. 实验室研究与探索, 2004 (9): 5-8+56.

[7] 阳太林. 以学生创新能力的培养为中心改革高校实验教学 [J]. 实验技术与管理, 2005 (10): 34-38+41.

[8] 程金林, 吴斌, 靳晓枝, 黄铮. 高校实验教学考核模式的改革与实践 [J]. 实验室研究与探索, 2005 (4): 76-78.

[9] 杨影, 孙艳. 高校校际实验室资源共享路径 [J]. 中国科技信息, 2021 (Z1): 145-146.

8　实验教学中的计算软件类课程设置思考

郑　伟*

摘要：在本文中，讨论了计算软件类课程在金融工程专业本科培养方案中的设置问题。文中分析了上海立信会计金融学院金融工程专业近两年的本科培养方案中，有关计算软件类课程设置情况及存在的问题。在对各种软件特点阐述的基础上，提出了在专业培养方案中，计算软件类课程模块化设置的建议。

关键词：计算软件；实验教学；课程设置

金融工程专业是实践性较强的专业，如何突出实践性，培养学生的实践能力，是金融工程专业区分其他金融类专业的重要方面。在专业课教学中，多年来我们坚持理论教学和实验教学相结合的模式，并力争贯穿学生培养的整个过程。金融工程专业也在不断探索以实验教学体系的建设为抓手，凝练专业特色。在“2020 金融工程专业本科培养方案”中，“具备信息技术应用基础能力，掌握至少一门金融工程领域常用的编程语言”，是对金融工程专业毕业生的基本要求之一。计算软件类课程是实验教学的基础性课程，尽管不一定设置在实践课模块，但和实验教学是密切相关的。计算工具或软件类课程，在近几年的金融工程专业培养方案中都有涉及，但课程的设置一直在变化。金融工程专业应该设置哪些软件工具类课程？怎样设置更加合理？本文在这些方面进行探析，以利于对以后的专业培养方案修订积极进行准备，更好地进行专业学生的培养。

一、近两年金融工程本科培养方案中的计算软件类课程设置情况

表 8 - 1 和表 8 - 2 分别为上海立信会计金融学院 2019 年、2020 年金融工程本科培养方案中，与计算软件有关的课程设置情况。从表格中的课程情况可以看出，近两年的培养方案中，计算软件类课程设置特点如下。

---

* 郑伟，上海立信会计金融学院金融工程系教师，博士，研究方向：金融工程。

（一）使用了3—4个软件进行教学

2019年培养方案的相关课程涉及的软件有Excel、Python、Stata（金融计算软件应用）、Matlab，2020年培养方案的相关课程涉及的软件为Python、Eviews（经济实证研究方法与软件应用）、Matlab。软件的数量和内容，在两年的培养方案中略有不同。其中，经济实证研究方法与软件应用这门课，并不是专门讲授软件的应用，而是侧重经济实证研究方法及实证方法怎样通过软件实现。在实际授课中，不同教师可能会使用不止一种软件进行实证方法的讲解。

表8-1　　2019年金融工程专业本科培养方案中的计算软件类课程

课程名称	所属模块	学分	长（短）学段	开设学期
Excel VBA编程与金融应用	专业课平台选修课	2	长	5
大数据与Python语言	专业课平台选修课	2	长	5
Python在金融中的应用	实践课平台必修课	1	长	5
金融计算软件应用	实践课平台必修课	2	长	4
Matlab及金融应用	专业课平台选修课	2	长	7

（二）多数课程为长学段专业选修课程

必修课程只有2019年培养方案中的Python在金融中的应用和金融计算软件应用，其他均为选修课程。计算软件类课程在2020年培养方案中，没有必修课程，只有选修课程，变化明显。在2019年培养方案中，所有相关计算软件类课程均安排在长学段。2020年培养方案中，短学段的课程只有Matlab与固定收益证券计算1门，其他为长学段课程。

表8-2　　2020年金融工程专业本科培养方案中的计算软件类课程

课程名称	所属模块	学分	长（短）学段	开设学期
大数据与Python语言	专业课模块选修课	2	长	5
Python与量化交易	专业课模块选修课	2	长	6
经济实证研究方法与软件应用	专业课模块选修课	2	长	7
Matlab与固定收益证券计算	实践课模块选修课	1	短	5

（三）课程开设学期分布在第4—7学期

2019年培养方案中，3门课开在第5学期，2门课分别开在第4和第7学期。2020

年培养方案中，2 门课开在第 5 学期，2 门课分别开在第 5 和第 7 学期。一般来说，计算软件是一种基础性工具课，开设在第 7 学期，对于专业其他课程的学习效用有限。

二、常见计算软件的特点分析

计算软件是金融工程实验课程的基础性课程，大部分金融工程专业实验课程中的数据处理和分析，都是建立在软件使用的基础上的。计算软件的教学对于金融工程专业来说有比较重要的作用。因此，有必要审视各种教学中常用的软件及特点，以便选择合适的软件进行教学。

计算软件如果从教学使用的目的看，可以大致分为两类。一类是偏重于统计功能的软件，一类是偏重编程的软件。下面对于教学中常用的一些软件的特点进行简要分析。

（一）Excel 及其特点

Microsoft Excel 是微软公司的办公软件 Microsoft Office 的组件之一，是最常见的数据处理软件。利用 Excel 既可以处理文字信息，如数据透视表，也可以整理数据信息，又可以用于对数据的处理、统计分析与计算、简单的数据库管理、绘制图表等。此外，还能利用 Visual Basic for Application（VBA）语言，开发面向特定应用的程序。

该软件优点是易得性好，使用微软操作系统的电脑都有安装；内置函数丰富，可方便解决一般性的金融计算问题。缺点是解决较复杂的金融计量问题存在困难。

（二）Eviews 及其特点

Eviews 是 Econometrics Views 的缩写，直译为计量经济学观察，通常称为计量经济学软件包，在计量经济学中应用广泛。

Eviews 是专门从事数据分析、回归分析和预测的工具。Eviews 处理的基本数据对象是时间序列，Eviews 的应用范围包括科学实验数据分析与评估、金融分析、宏观经济预测、仿真、销售预测和成本分析等。虽然 Eviews 是经济学家开发的，而且主要用于经济学领域，但是从软件包的设计来看，Eviews 的运用领域并不局限于处理经济时间序列。

该软件特点是偏重于处理时间序列，在计量经济学课程中通常对该软件有所涉及。

（三）Stata 及其特点

Stata 公司在 20 世纪 80 年代中后期开发的整合性商业统计软件包，具有较强的统计功能和完整的绘图功能、数据管理能力及程序设计能力，高等统计功能更完备。除了统计功能，也支持较为自由的程序编写。

Stata 与 SPSS、SAS 并称为三大统计软件。与后者相比，Stata 软件的特点在于简单易懂、功能相对较强。Stata 把 Eviews、SPSS 的“傻瓜式”菜单和 SAS 的命令、编程结合起来，所以受到初学者和高级用户的欢迎。

（四）R 语言及其特点

R 语言是统计领域广泛使用的诞生于 1980 年左右的 S 语言的一个分支，是一个用于统计计算和统计制图的优秀工具。R 是一套完整的数据处理、计算和制图软件系统。其功能包括数据存储和处理系统、数组运算工具、完整连贯的统计分析工具、优秀的统计制图功能、简便而强大的编程语言等。

R 语言的优点有：R 是自由软件，意味着它是完全免费、开源的；R 是专门为统计和数据分析开发的语言，各种功能和函数较丰富；可以执行各种机器学习操作，提供了用于开发人工神经网络的各种程序包和功能等。缺点有：R 编程语言比其他编程语言（例如，Matlab 和 Python）运算慢，运算效率低；大文本处理较差，处理大数据时，不是理想的选择等。

（五）Python 及其特点

Python 由荷兰数学和计算机科学研究学会的吉多·范罗苏姆（Guido van Rossum）于 20 世纪 90 年代初设计，作为一门叫做 ABC 语言的替代品。Python 提供了高效的高级数据结构，还能简单有效地面向对象编程。Python 语法和动态类型及解释型语言的本质，使它成为多数平台上写脚本和快速开发应用的编程语言，随着版本的不断更新和语言新功能的添加，逐渐被用于独立的、大型项目的开发。

Python 近年来比较流行，是和其明显的优点分不开的。Python 语法较简单；Python 是开源的和免费的；标准库和第三方库众多，功能强大；Python 语言的应用领域广泛，例如，Web 开发、网络编程、自动化运维、Linux 系统管理、数据分析、科学计算、人工智能、机器学习等。Python 站在了人工智能和大数据的风口上，在金融科技方面有明显的运用。

从金融计算的角度，Python 的缺点有运行速度慢（与 C 相比）、代码不能加密等。

计算机的硬件速度运来越快，硬件性能的提升可以在一定程度上弥补软件性能的不足。

（六）Matlab 及其特点

科学计算，首先会被提到的可能是 Matlab。Matlab 是美国 MathWorks 公司出品的商业数学软件，在数学类科技应用软件中的数值计算方面首屈一指，和 Mathematica、Maple 并称为三大数学软件。软件主要面对科学计算、可视化及交互式程序设计的高科技计算环境，用于数据分析、无线通信、深度学习、图像处理与计算机视觉、信号处理、量化金融与风险管理、机器人、控制系统等领域。

Matlab 是 Matrix 和 Laboratory 两个词的组合，意为矩阵实验室。Matlab 的基本数据单位是矩阵，它的指令表达式与数学、工程中常用的形式十分相似，故用 Matlab 来解算问题要比用 C 等语言完成相同的事情简捷得多。Matlab 功能丰富的应用工具箱（如信号处理工具箱、通信工具箱等），为工程计算提供了大量方便实用的处理工具。

缺点主要有 Matlab 是一款商用软件，并且价格不菲；Matlab 编写程序简便，程序出错调试比较麻烦等。

（七）其他编程工具

Visual Basic（简称 VB）是微软公司开发的一种通用的基于对象的程序设计语言，以结构化的、模块化的、面向对象的、包含协助开发环境的事件驱动为机制的可视化程序设计语言。Visual Basic 源自于 Basic 编程语言，Basic 是一种在计算技术发展历史上应用得最为广泛的语言。从计算的角度，VB 结构清晰，语法简单容易学习，编程简单直观，程序容易调试；缺点是对于解决较为复杂的计算问题有所不足。

其他的计算编程语言如 VC（C、C + +）、Fortran 等，都可以用于科学计算，对于在金融中的应用未必有更明显的优势，不再赘述。

三、目前的计算软件类课程设置存在的问题

近两年的上海立信会计金融学院金融工程本科专业培养方案，都设置了一些计算软件类课程，但存在一定的问题。

（一）多数课程设置为传统的课堂教学

目前的培养方案中，计算软件课程多数设置为专业选修课，采用传统课堂授课模式。计算软件类课程重在应用，作者认为采用实验教学模式更合适。在实验中心，边教

边练，便于学生及时掌握软件使用，教学效果更好。

（二）计算软件类课程应有一定的必修课数量

在2019年培养方案中，有2门必修软件类实验课程，2020年培养方案中未设软件类必修课程。金融工程专业的学生，应至少掌握1门计算机编程语言。作者认为，应至少设置1门必修类的计算机高级语言课程，放在实践课模块，在长学段开设。

（三）计算软件类课程内容有所重复

2020年培养方案中，关于Python语言的课程较多，除了表8－2列出的2门专业选修课程外，在通识课模块，还有1门Python程序设计基础（第2学期开设，2学分，必修课）。2020年培养方案中计算工具类课程涉及的软件不够丰富，统计类软件较少。一些金融计量问题是统计问题，需要学生至少熟悉一种统计软件的使用。

（四）有的课程名称未明确使用的软件

在近两年培养方案中，金融计算软件应用、经济实证研究方法与软件应用等课程，如果由不同的教师讲授，可能会使用不同的计算软件。如果从统筹课程设置的角度，可能会造成教学内容的重复。

四、计算软件类课程的模块化设置思考

除了金融工程专业对计算软件类课程有明确要求，金融类的其他专业对计算软件类课程也存在不同程度的需求。作者认为，有必要统筹安排，对计算软件类课程进行模块化设置。

（一）统一设置软件工具类课程模块

对于金融类专业，可以统一设置计算软件工具课模块，在模块课程中应有4—6门课程备选，根据不同需求，金融各专业分别侧重不同内容课程的选取。在4—6门课程中，应各包含2—3门侧重统计的软件和侧重编程的软件。

（二）至少设置1门计算软件的必修长学段实验课程

金融工程专业及其他金融类专业，应至少设置1门指定的计算软件必修长学段实验课程。该课程可以放在实践课模块中，时间设在第4—5学期，根据软件应用的拓展程

度，学分设置为2—3 学分。

（三）计算软件类课程适合安排在实验机房授课

目前，多数计算软件类课程是安排在普通教室授课，建议安排在实验室机房授课。由于在培养方案中，实践课模块的课时受课时比例的限制，不能将所有计算软件类课程作为实践课模块课程设置，可以将计算软件类课程设置在专业课模块的长学段或短学段中，但上课地点应安排在实验室。如果实验中心的教室数量有限，无法安排长学段的课程，可以在学期末的短学段上课，和大量长学段实验课程错开使用实验室。短学段上课，课时可以设置为 1 学分。

将课程安排在实验室中授课，在实践课模块学分比例一定的情况下，实际相当于增加了实验课的数量，提高了实验课在所有课程中的比重，不同金融类专业可以根据需要选择。

（四）限选 1 门统计类课程

金融工程专业学生除了应必选 1 门编程语言外，最好至少限选 1 门统计类软件课程。作为编程语言课程的有益补充，能更方便地处理金融计量中的统计问题，而不必使用编程进行数据处理。时间可以设在第 4—5 学期，根据软件应用的拓展程度，学分设置为 1—2 学分。

（五）教学软件的选取

统计类软件可以从 Excel、R、Eviews、Stata 等中选取，编程软件可以从 Python、VB、Matlab、VC 等中选取。Matlab 软件更擅长数值计算，在工程类学科中运用更有优势，但对于一般的金融问题优势并不明显。

此外，软件的选取还要考虑到软件的可得性问题。这个问题在以前的教学中并不突出，但随着国际环境的变化，有的软件越来越难以方便得到，所以在课程设置时，还需要评估教学软件的易得性。

（六）培育金融专硕课程

作为必修课的计算软件课程，讲授应相对充分，并具有一定的应用拓展。对于选修的计算软件课程，可以根据课时进行基本内容的讲授。对于计算软件模块中的课程，可以有意识地对某些课程进行培育，为将来金融专硕的相关课程安排做准备。

参考文献：

[1] 上海立信会计金融学院教务处．上海立信会计金融学院教学一览 2019 [EB/OL]．2019－9.

[2] 上海立信会计金融学院教务处．上海立信会计金融学院教学一览 2020 [EB/OL]．2020－9.

9 浅析将“三全育人”贯穿于金融实验教学的方式与途径

周珊珊*

摘要：在当前教育改革的背景下，金融实验教学越来越多地被金融学相关的教育工作者们关注。为了贯彻执行各级党和政府的德育教育要求，通过创新的方式来实现金融实验教学过程中的“三全育人”，加强“三全育人”在金融实验教育中的应用，保证高校思政教育的方向，我们需要思考与探索将“三全育人”融合到金融实践教育过程中的方式与途径。本文在引入将“三全育人”思想贯穿于金融实验教学中的指导理论的基础上，探索金融实验教学中“三全育人”的实现方式和实现途径，探索全员育人、全程育人、全方位育人与金融实验教学的结合方式。

关键词：金融实验教学；三全育人；途径

“三全育人”发展理念作为我国教育的重要指导思想，在1950年中国教育工会第一次全国代表大会上就已经被提出，“三全育人”的思想包括“教书育人、管理育人、服务育人”的教育思想。当下的“三全育人”思想已经形成了一定的体系，但是金融实验教学作为一个新的热点，却是需要探索的。所谓“三全育人”，就是坚持全员、全过程、全方位培育人才，这是高等教育思政教育的重要方面。党的十九大结合“三全育人”理论对高等教育又提出了新任务新要求，为“三全育人”在经济技术高速发展的新时代赋予新内涵。而金融实验教学作为学生接触金融运行实际的新型教学方式，是学生未来接触实际社会生活重要的平台，更需要将“三全育人”融入金融实验教学的全过程，探索“三全育人”思想融入金融实验教学具有重要的意义。

* 周珊珊，上海立信会计金融学院教师，博士，研究方向：信用管理、创新经济。

一、“三全育人”思想贯穿于金融实验教学中的指导理论

将“三全育人”思想融入金融实验教学中，需要先探寻指导金融实验教学工作的理论。在当下，协同理论、生态系统理论、扩散理论正在逐步被教育学界引入“三全育人”的研究中，我们也可以将这些理论融入具体的金融实验教学中。

（一）协同理论与金融实验教学

协同理论作为一种物理学理论，是指复杂系统中各子系统之间的协同配合将更加有助于整个系统更好地发展，从而达到系统的最优效果。协同理论已经广泛被运用于高校“三全育人”的政治思想教育工作中，其主要指导思想是育人的各种主体需要积极合作、联动配合、资源共享，从而实现“三全育人”中共同的育人战略目标。

在金融实验教学中，我们往往是模拟和仿真各种现实的交易系统、交易场景、交易产品、交易人员等，这些往往都是模拟各种复杂的场景和系统。在各种复杂的场景中，参与金融交易的人员如何与系统中的各参与者、各种复杂环境共处是一个需要研究的问题。可以用协同理论作为指导，将学校各种资源和学生的实际成长需求联系起来，从而达到金融实验教育的最优效果，提高学生处理复杂社会问题的能力。

（二）生态系统理论与金融实验教学

发展心理学中的生态系统理论也经常被运用于“三全育人”的政治思想教育中，该理论强调将发展的个体嵌套于一系列互相影响的环境体系中。该理论在“三全育人”政治思想教育中，强调将大学生的道德思想教育放到生态系统的框架中进行分析，注重分析影响大学生道德水平的生态系统，以及该系统中的各种要素和要素与要素之间的关系，从而实现优化大学生道德思想教育的目标。

在金融实验教学中，往往涉及银行保险证券期权期货等方方面面的系统。金融实验室一般也是按照银行证券保险等行业的业务流程与特点，构建的专业化软件和技术平台。这些平台也能够成立一个个仿真的生态系统。实验的教学平台，应该不仅仅有助于提高学生的业务技能和业务水平，也应该有助于提高大学生的道德思想水平，有助于提高大学生对复杂社会问题的处理能力。将“三全育人”与金融实验课程融合，就需要在这些模拟实验平台的建设中，将思想道德、人文、文化等体现软实力的内容融入金融实验教学平台中，在各种金融实训平台和金融实训软件的开发中融入思政元素。

（三）扩散理论

近年来，也开始有学者将扩散理论运用于“三全育人”的教育中。扩散理论是传播效果研究的经典理论之一。将扩散理论运用于“三全育人”，主要是通过研究学生的行为、思想、学习习惯等的形成，以及研究这些思想、行为和学习习惯的演化过程，并研究影响大学生思想和学术塑造过程中的影响机理，从而提高学生的思想和学术水平。而学习、生活方式的形成在很大程度上是大学生之间互相影响的，一些具有影响力的行为和思考模式的扩散对于大学生的成长是至关重要的。

金融实验教学作为一种实践育人模式，较传统的金融教学更加强调人与人之间的合作、互动和相互影响。例如，在模拟银行业务课程中，我们需要研究学生对各种观念、事物、知识的接受方式，研究各种思想在他们中的传播模式，从而寻求树立学生正确价值观的最优模式。在金融市场相关的实验课程中，不但要模拟金融市场风险传染效应，也要研究道德风险等价值问题的传染效应，让学生有着正确的价值观念和人生态度。“三全育人”的思想在金融实验课程中多种形式的运用，将有助于培养既有过硬的理论基础、实操能力，还有优良的道德品质和文化传承的优秀大学生。

二、“三全育人”在金融实验教学中的开展形式

金融实验教学的本质是强调金融教育理论与实践的结合，注重的是整合、利用社会上各种实践资源，通过利用各种类型的金融项目平台、金融实训平台、金融模拟平台，丰富教学实验和实践内容，创新实验和实践的形式。因此，金融实验教学的本质是一种实践育人。将思政工作与实践工作相结合，是研究与探讨“三全育人”在金融实验教学中开展形式的重点。在金融实验教学中，“三全育人”可以从以下方面展开。

（一）金融实验教学的全方位育人

“三全育人”德育模式中强调全方位育人，也就是强调大学生与社会的全方位联系、协调与配合。而对于金融学实验教学而言，就是要强调金融实验教学与社会的全方位联系、协调与配合。金融实验教学本质就是将知识与实践结合的教育模式，本身就是全方位育人的一个重要体现。金融实验教学强调大学生与企业的联系，强调培养学生与工作环境的配合、协作及相互促进。在金融实验教学中，不仅要模拟金融交易的物理环境，如硬件、软件环境，还要注重对人文环境的模拟，强调人文环境与人的关系，培养学生与社会环境的和谐共处，培养学生与社会群体的协调与配合，提升学生的综合素质

和实践能力。例如，在模拟银行业务的实验教学中，可以模拟银行的复杂柜台人物关系，通过各种模拟交易环境分析，以及碰到各种复杂事件的处理，恰当地开展德育反思，将行为规范等问题融入实验教育中。在证券业务的实践教学中，可以模拟不同的证券市场行情下人们的心情和行为，例如，在巨大的交易波动情形下，人们的情绪变动和反应。这些模拟实验分析一方面让学生理解实际金融市场中的交易程序和交易策略；另一方面，通过结合有限理性的人的特点，对学生模拟交易决策过程中的心理和情绪变化加以指导和分析，提高学生的心理承受能力和抗压能力，以及在未来的实践工作中应对复杂多变交易环境的能力。

（二）金融实验教学中的全过程育人

金融实训作为金融实验教学的重要方面，在实训的过程中要注重与实训单位协同育人。在与相关金融实训单位协同育人过程中，不但要注重金融行业对学生实践能力的培养，也要注重对学生道德水平的培养。注重在实训过程中加入思政内容，不仅让学生在各种实训活动中提高对经济学的学术理解，也要提高学生的思想政治素养。在金融实践教学中，不但要注重结合实际建立各种模拟实验平台，也要注重实验平台中对德育教育内容的融合和嵌入。例如，在实践平台中嵌入道德元素、文化传承元素等，从而实现培养德智体全面发展、适应社会发展需求的学生；也可以通过对金融实践工作场景中的道德场景及心理过程的模拟，来提高学生的心理成熟能力和辨识度。通过丰富的实践教育教学活动，来达到全过程育人的目的。在金融实验教学中，不但要培养学生技术分析的能力，更要帮助学生掌握理解证券、银行、保险等金融投资领域相关监管机制的道德准则，以防学生在进入社会后的实际投资过程中，逃避金融监管、踩踏法律红线，这对于帮助学生培养正确的投资交易价值观是非常重要的。

（三）金融实验教学中的全员育人

在金融实验教学中，可以模拟学生未来面临的社会生态圈，分析社会场景系统中的各种因素、条件、变化，并对各种社会场景系统进行分析、评价，帮助学生更好地成长。金融行业是一个充满诱惑和风险的行业，如何让学生适应复杂的行业环境，不但需要学生具有扎实的理论基础，还需要学生具有过硬的道德水平和心理素质，能够在巨大的诱惑面前不动摇，抵挡金钱等财富的诱惑，也能在巨大波动的金融市场和金融风险中具有完备的心理素质，成为全面健康的社会人。在金融实验教学中，不但需要关注参与金融实验的学生个体，也要关注学生群体和参与到实验教学的各个方面的社会关系，让学生受到良好熏陶和引导，从而树立正确的人生观和价值观。

三、“三全育人”融入金融实验教育的途径

（一）创新金融实验教学的教育内容

在当今复杂的国际国内金融环境下，对新型的金融人才提出了更高的道德要求。运用“三全育人”的思想指导，探索适应金融实验教育教学的教育模式，探索适应大数据和金融科技发展新型的教育形式，探索能被新一代年轻人接受的教育模式是非常重要的。金融实践教育本身就是一种创新，在金融实践教育创新的基础上，如何融入思想政治更是创新。

为了适应一系列创新的要求，一方面，我们可以创新金融实验教学的形式。例如，在银行等金融市场的场景模拟中，融入丰富有趣且富有真实画面感的道德场景，这种容易让学生接受的形式能够有助于学生在潜移默化中提高道德水平。另一方面，我们可以在金融案例实践教学中，融入思政元素，让学生主动参与和反思自己的思想活动和行为，从而达到提高思政水平的目标。还可以让行业专家进入金融实验课程中，让行业带头人参与到思政教学中，从而为学生树立优秀的模范和榜样，充分发挥行业专家的示范效应和传播效应，让学生主动成长成自己希望成为的人，成为社会需要的人，成为未来能够带动经济发展的人。同时，还可以通过专家介绍具体实践操作中会碰到的市场大幅波动等极端金融行情的心理反应，让学生对未来的工作有更加真切的理解，达到提高学生心理素质的目标。这些都是有助于更好地将“三全育人”融入金融实践教育中的实现形式。

（二）金融实验教学中增加思政育人元素

在金融实验教学中增加思政育人元素，是将“三全育人”融入金融实验教学的重要手段。在融入金融实验教学的过程中，我们还需要研究大学生生态系统中的社会背景、行为模式、演化机理，将大学生的成长过程融入金融实验教学中。一方面，在行业实习中加入思政育人的元素。行业实习是金融实验教学的一种重要形式，在行业实习的过程中，可以有意识地举办增加团队精神的活动项目。例如，在银行实习的学生，可以开展团队形式业务技能竞赛；在证券公司实习的学生，可以开展团队模拟操作比赛等。通过这些活动，提高学生的团队合作意识和精神。另一方面，在各种平台实训活动中，可以加入思政育人的元素。例如，在委托相关项目单位进行软件产品的设计时，有意识地加入人的道德标准、价值活动、情绪反应等元素，让学生以更加直观的方式体验到人

的道德标准、思想意识水平、心理素质等对金融工作对重要性。

（三）结合“三全育人”理念，探索金融实践教学方法

大数据和金融科技的飞速发展为我们研究金融问题提供了许多前所未有的解决方案和防范措施。我们在思想政治工作中，也应该更好地利用大数据技术和新兴的金融科技，将大数据与金融科技融入金融实践和思政教学的探索中来。例如，在当下，利用大数据分析对抗金融寻租和道德风险已经成为一种趋势，我们可以对这些新生的案例进行展示，组织学生研究学习大数据背景下人在金融行为、金融决策和金融活动中的道德风险问题。通过展示运用大数据手段对金融中的寻租和越线行为进行辨析的案例，可以对学生起到较好的警示作用。金融科技的发展，已经为我们提供了许多可供选择的金融实验教学方法，需要从事金融教学的教师们以培养全面、健康的金融人才为目标，不断探寻新的方式。

参考文献：

[1] 张宁，王伟强．改革开放以来高校“三全育人”研究综述［J］．中国校外教育，2018（8）．

[2] 王为其，黄新蓉．高校本科“辅导员—导师制”培养模式探析［J］．中国成人教育，2007（13）．

[3] 叶佳．新时代高校“三全育人”的工作机制研究［J］．高教学刊，2019（15）．

[4] 白云，冷文勇．“三全育人”视域下大学生“辅导员—导师”协同育人机制探析［J］．教育教学论坛，2020（10）．

[5] 王军．职业化教育导向型金融实验教学创新探讨［J］．安徽电子信息职业技术学院学报，2020（1）．

[6] 陈柱．金融专业一体化实践教学体系构建与实施［J］．内蒙古财经大学学报，2017，15（6）．

10　基于 SPOC + 项目教学法的信用评级实验实训教学模式的探索与改进

黄　燕　李杰群　吴　洁　周珊珊　王　景*

摘要：为了进一步提高信用评级实验实训的教学效果，可充分利用互联网资源和网上教学平台建设的契机，引入 SPOC + 项目教学法的教学模式进行教学改革的探索实践。本课程教学团队结合多年课程教学和实践教学经验，按照信用评级业务的基本流程，并根据信用评级分析师的知识体系和执业能力要求及相关信用评级行业监管变化，对实验实训项目进行了重新设计与改进，并基于 SPOC 平台分别从准备阶段、课前阶段、课堂教学阶段、考核评价及总结反馈等环节改进了信用评级实验实训教学流程。

关键词：SPOC；项目教学法；信用评级；实验实训教学

一、基于 SPOC + 项目教学法的信用评级实验实训教学的可行性

（一）信用评级实验实训的教学目标

在“理论与实践一体化”课程理念的指导下，为了保证信用管理学专业人才培养的质量，信用评级实训课程是在信用评级专业理论课程教学的基础上开设的实验实训专业必修课，着力培养和训练学生信用评级专业的应用实践能力，要求学生通过课程学习与实践，能够熟悉掌握信用评级业务的类型及基本流程，熟悉理解常用的信用评级方法与模型，掌握行业信用风险分析的基本方法，并针对企业主体，根据相应的信用评级模型，运用相关基础理论知识进行定性与定量分析，理解并掌握评级报告的编制。

---

* 黄燕，经济学博士，上海立信会计金融学院讲师，主要研究方向：信用管理、金融监管。李杰群，经济学博士，上海立信会计金融学院副教授，主要研究方向：信用管理。吴洁，金融学博士，上海立信会计金融学院讲师，主要研究方向：信用管理、公司金融。周珊珊，经济学博士，上海立信会计金融学院讲师，主要研究方向：信用管理、创新经济。王景，在读本科生，上海立信会计金融学院 2017 级信用管理专业学生。

为了保证实现前述教学目标并达成良好的教学效果，本课程教学团队在多年课程教学和实践教学过程中，深切体会到应不断强化“以学生为中心”的教学理念，需要进一步从改进和细化实验目标、优化实验环节和实验项目设计、升级优化实验平台、优化教学方法设计、强化实验任务考核等方面，持续性地探索实践满足信用评级实验实训教学需要的教学模式。

（二）SPOC + 项目教学法的教学模式分析

1. SPOC 教学模式的内涵与特点

SPOC（Small Private Online Course，以下简称 SPOC）教学模式可定义为小规模限制性在线课程与课堂教学相结合的翻转课堂式教学模式，其概念最先由美国加州大学伯克利分校的阿曼多·福克斯（Armando Fox）提出，近年来在各个学科教学中得到了越来越广泛的应用。SPOC 教学模式既采用视频学习，也采用面对面的课堂教学，将线上视频教学与线下课堂教学、课前预习与课堂讨论、教师引导性学习与自主学习结合起来，通过线上线下混合式教学有助于虚实结合的实验教学环境的设计与呈现。

2. 项目教学法的内涵与特点

项目教学法即项目导向性教学法[①]，是基于 PBL（Project-based Learning，以下简称 PBL）项目式学习的一种教学方法。PBL 项目式学习是以基础理论课程的教学内容为重点，通过完成模拟现实领域的任务项目进行探究性学习的学习模式。相较于问题式学习（Problem-based Learning），项目式学习属于产品模式，是在一个与工作情境相似的学习环境中，教师让学生通过独立作业或团队合作的形式，基于学习领域课程和工作任务，自行制定工作计划，然后由师生讨论后做出决策，并实施计划，最终对成果进行展示和评价的过程。综上所述，项目教学法是指在师生的共同努力下，完成一项完整的“项目”工作过程所采用的教学方法。“项目”可以是生产一件产品，也可以是提供一次服务等具体的与工作情境相关的典型工作任务。“项目”的制定要与直接工作相联系，能够在学习与教学过程中生成教学内容和效果，使学生有一定的决策、实施和成果展示的机会，并在教师指导下进行基于项目需求、设计、实施、评价的完整过程的学习。

基于项目学习与教学的整个过程，不仅要求学生在认知层面上进行探索，还要求学生在行动操作上进行熟练化训练，要求学生在心理层面上具有一定的责任意识。因此，项目式学习具有学习过程完整性、成果价值性、专业知识整合性等特点，不仅有助于学生学习和掌握与工作情境相关的专业知识和能力，而且有助于培养学生独立解决问题、

---

① 张旸，于海燕．转型期新建本科院校人才培养模式变革探析［J］．高等教育研究，2016（9）：60－66.

协作交流及批判反思等能力。

3. SPOC + 项目教学法的教学模式的支撑理论

认知主义和建构主义学习理论为 SPOC + 项目教学法的教学模式提供了理论支撑。首先，认知主义学习理论认为，学生在学习的过程中必须要学会对当前的各种难题及问题情境有所了解，而且要学会面对这些问题，从而经过学习，对各种知识加以理解，形成一种更加全面的认知结构并实现深度学习（Deep Learning）。该理论还强调了刺激反应之间的联系是以意识为中介的，对认知过程的重要性进行了强调。其次，心理建构主义的学习理论强调，学习是个体获取信息、资源以及在他人帮助下建立和改善自身的心理模型及解决问题的策略，即学习的实质是在与社会互动的关系中积极建构自身知识的过程。

SPOC + 项目教学法的教学模式是强调以学生为中心的教学模式，注重在教学过程中发挥学生的主观能动性和创造性，重视学生在学习活动中的准备状态，并需要学生通过在教学群体之间协作完成学习。在实验实训的课程教学中引入这样的实践参与式学习，学生能够将知识转化为探索、表达进而逐步内化，促进了学生知识的增长和个人职业经验的发展，使其既能够在实践中体会到合作的意义，又能够观察和体验理论知识与真实世界的关系，从而有助于帮助学生形成职业决策的自我效能感和职业认同感，增强职业信心。因此，这种混合式的教学模式适用于实验实训课程的教学改革，能够提升实验实训教学水平。

二、基于 SPOC + 项目教学法的信用评级实验实训教学改进思路

（一）信用评级实验实训已有教学改革实践

自 2015 年课程开设以来，信用评级实验实训教学着力培养和训练学生信用评级专业的应用实践能力，主要围绕信用评级公司业务类型学习、信用评级业务程序学习、行业信用风险分析、企业信用评级财务数据分析、信用评级现场调研模拟和信用评级报告撰写等项目设计了相应的专业实验实训教学任务，并基于“信用风险综合实验平台”中的“行业分析与风险评估报告”和“信用评级系统”两大系统展开①。

为了贯彻以学生为中心、以学生学习产出为导向的 OBE（Outcomes-based Education）理念，本课程团队遵循“逆向设计”原则从细化实验目标、实验环节设计、实验

① 黄燕，李杰群．金融教育教学改革和创新论文集［M］．上海：立信会计出版社，2018.

项目改进、教学方法设计、实验任务考核等方面对课程教学过程进行了逐步优化改进①。

（二）基于 SPOC + 项目教学法的改进思路

为了进一步提高教学效果，还需充分利用互联网资源和网上教学平台建设的契机，引入 SPOC + 项目教学法的教学模式进行教学改革的探索实践。

本课程教学团队认为，在进行教学改革的过程中，应该要进一步加强实验实训课程教学模式的转变：第一，从以教为主向以学为主转变，注重引导学生将信用评级的基础理论知识与信用评级实务工作有机结合，培养“干中学”（Learning By Doing）理念；第二，从以课堂教学为主向课内外结合转变，并充分利用信用评级行业的相关互联网资源保证课程教学与行业实务实践变化的有效衔接；第三，从以结果评价为主向以结果和过程评价结合为主转变，不断完善课程考核评价方法。

三、基于项目教学法的实验实训项目设计与改进

如前所述，项目教学法能够从微观层面改革传统学科知识体系下教师满堂灌的讲授法，给予学生更多的实践机会，从而使学生能够从整体上了解典型工作环节，实验实训教学主要通过提供综合的、情境的教学形式，让学生在相对开放的学习环境中独立地进行实验实训项目的方案设计、信息搜集、活动实施与评价，不仅注重学生专业知识与能力的学习和掌握，而且注重培养学生选择、决策、计划、解决问题等方法的能力以及团队合作和交流等社会能力，通过模拟真实的工作情境来锻炼学生解决专业问题、承担工作责任的综合执业能力。

结合信用评级实训课程的特点，本课程教学团队的主要任务就是为学生设置有利于经验积累和知识理解的与信用评级实务工作过程相似的学习环境，按照信用评级业务的基本流程，并根据信用评级分析师的知识体系和执业能力要求②及相关信用评级行业监管要求，总结已有实践教学经验，对相应的实验实训项目进行重新设计与改进，着重训练学生培养信用评级分析师应具备的信息搜集能力、信息的审核和验证能力、信息的加工和处理能力、信用风险的预测和判定能力、沟通和协调能力及表达能力等执业能力。

---

① 黄燕等．新时代金融教学改革和课程建设研究［M］．北京：中国财政经济出版社，2020.

② 中国银行间市场交易商协会教材编写组．信用评级：理论与实务［M］．北京：北京大学出版社，2020.

（一）实验实训项目一——信用评级机构基本业务及发展概况

为了引导学生更直观地了解认识信用评级行业的发展近况，熟悉我国主要信用评级机构从事的信用评级业务类型，本实验实训项目主要包含两项任务：一是要求学生在信用评级课程教学内容学习的基础上进一步熟悉理解《信用评级业管理暂行办法》，明确目前我国信用评级业务中所涉及的债务融资工具种类及相应的市场环境和监管要求，熟悉相应的信息披露渠道；二是要求学生熟悉理解《银行间债券市场信用评级机构注册评价规则》，引导学生访问浏览国内知名信用评级机构的公司网页，并选定一家信用评级机构，查阅该机构按要求披露的《银行间债券市场信用评级机构注册文件表格体系（R表）》的基本内容，重点理解学习该信用评级机构的基本信息、股权架构及组织架构以及主要评级业务。在此基础上，整理相关资料附件完成《实验实训项目报告一》。

（二）实验实训项目二——信用评级业务程序及业务制度

为了引导学生熟悉掌握信用评级基本业务程序、评级结果的基本形式及信用评级机构常用的评级方法及模型，本实验实训项目要求学生在信用评级课程教学内容学习的基础上进一步熟悉理解《银行间债券市场非金融企业债务融资工具信用评级业务信息披露规则》，并以前述确认研究的信用评级机构为对象，查询其按要求披露的《信用评级机构信息披露表格（D表）》中有关评级业务制度（DB－2）、评级体系文件（DB－3）、信用评级结果（DR－1）及评级结果质量统计（DR－2）的相关信息，整理相关资料附件完成《实验实训项目报告二》并制作 PPT 将前述两项实验实训项目成果进行课堂陈述分享。

（三）实验实训项目三——基于信用评级视角的案例企业财务分析

为了强化学生基于信用评级视角的企业财务分析能力，本实验实训项目要求学生在信用评级课程教学内容学习的基础上进一步学习理解贷款企业信用评级课程中有关财务分析的基础理论知识，研读给定的案例企业基本财务报表及基本情况的补充材料，在此基础上，在“国家企业信用信息公示系统”中搜集该企业的相关基本信息，并在信用风险实验平台的“信用评级系统”中完成连续三年的财务报表数据的录入，并计算反映偿债能力、营运能力和盈利能力的相关财务指标，填写财务指标比较表，撰写财务分析简报，完成《实验实训项目报告三》。

（四）实验实训项目四——行业信用风险分析

在课堂讲授行业划分的一般标准、行业信用风险分析的基本原理与分析框架及业内的典型分析案例的基础上，要求学生进一步学习了解国家统计局发布的《国民经济行业分类》，并参考中国证监会定期发布的上市公司行业分类结果，从中选择目标行业作为研究分析对象，并根据信用风险综合实验平台“行业分析与风险评估系统”的要求分别从行业基本状况、行业环境分析、行业特点分析、行业风险分析及行业展望等方面完成《实验实训项目四》要求的行业信用风险分析报告的撰写。

（五）实验实训项目五——企业信用评级业务模拟

为了让学生熟悉理解信用评级基本业务流程，并能理解掌握常见类型的信用评级业务的信用评级报告的制作过程，本实验实训项目主要包括如下几项任务。

1. 要求学生从前述实验项目研究的信用评级机构的官方信息披露网页查找在实验实训项目四已研究分析的行业中相应被评企业的信用评级报告；

2. 进一步搜集此被评企业的相关资料，拟定现场调研提纲，理解掌握现场调研中的常见问题；

3. 对照被评企业所在行业的评级方法和评级模型，梳理该被评企业的信用评级等级的确定过程，给出相应的初评结果，并仔细研读信用评级报告；

4. 解读前述被评企业的信用评级报告，制作 PPT，主要就适用于被评企业所属行业的评级方法概述（行业基本特征、评级思路及评级要素）、被评企业对应于适用的评级模型的等级确定过程（重点评级指标表现、评价依据及相应得分或结果）、被评企业（可结合具体债项）的基本评级结论、评级观点、主要优势及需重点关注的信用风险点，以及后续跟踪评级安排等方面模拟完成信用等级评定的上会答辩。

四、基于 SPOC 平台的信用评级实验实训教学流程的改进

如前所述，SPOC 教学模式是面对面课堂教学模式和 SPOC 线上学习模式的融合创新。而深度学习的实现需要基于学生前期的知识结构，引导学生积极融入课程学习情境展开还原与下沉，通过直观体验实现知识逻辑与市场实务的连接，完成经验与探究阶段的知识深加工，最终实现知识重构，增强高阶创造性思维①。因此，本教学团队基于

① 郭元祥．论深度教学：源起、基础与理念［J］．教育研究与实验，2017（3）：1－11.

SPOC 平台改进了信用评级实验实训教学流程（如图 10 - 1 所示），具体可分为以下几个阶段。

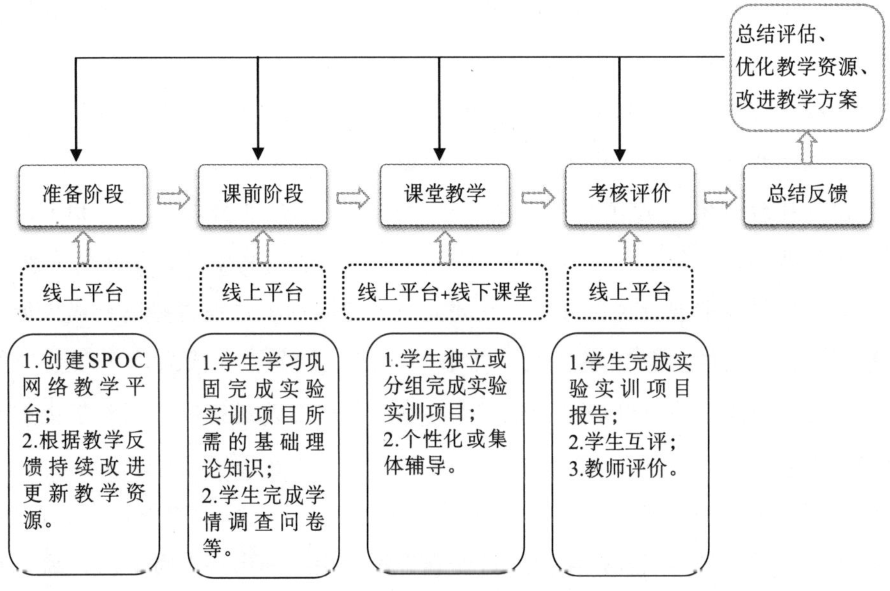

图 10 - 1 基于 SPOC 平台的信用评级实验实训教学流程

（一）准备阶段

本课程教学团队在超星网络教学平台和实验共享云平台完成实验实训 SPOC 课程资源建设，包括修订完善教学大纲、教学计划、教学课件、实验实训项目设计、教学案例、课堂互动设计（如学情调查问卷，课前、随堂及课后练习，主题讨论和小组任务等）和教辅资料数据库等。

（二）课前阶段

实验实训课程是建立在一定理论知识基础之上的，学生前期完成关于实验实训项目所需的信用评级基础理论知识的复习巩固是实现实验学习的必要条件。在此阶段学生可以在 SPOC 平台上根据教师提供的学习任务单的要求完成信用评级课程相关基础理论知识的复习巩固、学情调查问卷、课前练习、阅读拓展学习材料或浏览访问相关信用评级机构和相关信息披露官方网站等。教师可以根据 SPOC 网络教学平台相关数据分析学生课前的学习反馈，了解学生的知识水平与学习需求，细化完善后续线下课堂教学方案。由此完成课前阶段学生知识结构的评估与激活，以及教师线下教学课前备课。

（三）课堂教学

课堂教学阶段要加强学习共同体的构建，教师要营造良好的课堂氛围，在针对课前阶段学情反馈的主要问题进行简要讲解总结的基础上，充分运用情景模拟法、问题驱动法等有效的教学方法引导学生主要从信用评级分析师的视角出发，从行为、认知与情感层面全方位理解并参与实验实训项目，使学生成为真正的自主学习者。

前述设计和改进的实验实训项目主要通过 SPOC 平台的分组任务（PBL）线上发布，根据学生特点进行分组，小组成员 3—5 人，并推选一名组长，由组长负责组织组员就实验实训项目要求进行讨论分工，共同完成实验实训项目报告并进行成果展示。教师要观察了解各小组的项目进展情况，并予以适当的指导，在成果展示环节要给予点评，引导学生反思总结项目开展过程中可能存在的问题及改进措施，培养学生的经验总结和积累能力。

应该看到的是，推行项目教学法并不是要完全排斥和否定传统教学方法，如讲解、演示等的运用，而是强调应根据学习领域课程中不同层次和内容的特质及需要，有选择性地将传统教学方法与项目教学法结合起来，从而有效地开展实践教学。

（四）考核评价

由于 SPOC 平台能够将学生在实验实训课程中学习的整个过程和状态以量化的形式记录下来，为实现过程性考核及客观考核提供了依据。教师通过建立主客观结合、过程性评价与总结性评价结合、过程考核与报告考核结合的综合考核评价体系，评测学生在课前阶段教学互动的参与情况和基础知识的掌握情况、课堂教学阶段的学习态度与课堂参与情况、各实验实训项目的完成情况与成果展示反馈情况。

其中，各实验实训项目（即分组任务）及成果展示的考核设置了教师评价（占比 60%）、组间互评（占比 10%）、组内互评（占比 20%，主要由组长完成）和学生自评（占比 10%），主要从实验工作态度或团队协作能力、报告格式规范、报告内容符合实验项目要求的完成度、行文表达的规范严谨、陈述观点清晰明确等方面细化考核评分标准。由此保证相应评价结果不仅能反映项目小组的项目报告质量及成果展示反馈、项目小组内成员的沟通交流效果与协作程度，还能反映学生个人对小组成果的贡献及其认知、技能、态度、协作与沟通能力。

（五）总结反馈

“以终为始”是基于 SPOC 平台的信用评级实验实训教学流程设计的重要原则，这一教学流程设计的最终目的不是评价，而是通过多元评价的方式，保证教学互动效果实现教学相长：一方面，要促进学生对基础知识的运用和实验实训项目完成过程的反思，培养学生自主探索、协作学习的思维，让学生从多个视角发现学习过程中的问题，并通过持续改进与完善得到更好的项目成果，即“以评价促改进”，实验实训的课堂不应随着期末的到来而结束，教师应鼓励学生充分利用这一过程延伸项目成果的广度和深度；另一方面，从教学团队的角度来看，要对基于 SPOC 平台的信用评级实验实训教学全过程及时总结，对各个环节发现的问题都应及时反馈，评估教学效果，进一步优化教学资源，不断完善实验实训教学方案，不断探索总结实验实训的教学方法与经验。

参考文献：

[1] 黄燕，李杰群．金融教育教学改革和创新论文集［M］．上海：立信会计出版社，2018.

[2] 黄燕等．新时代金融教学改革和课程建设研究［M］．北京：中国财政经济出版社，2020.

[3] 中国银行间市场交易商协会教材编写组．信用评级：理论与实务［M］．北京：北京大学出版社，2020.

[4] 张旸，于海燕．转型期新建本科院校人才培养模式变革探析［J］．高等教育研究，2016（9）：60 – 66.

[5] 郭元祥．论深度教学：源起、基础与理念［J］．教育研究与实验，2017（3）：1 – 11.

[6] 王文倩．SPOC 环境下金融类课程教学探索与设计［J］．科教导刊，2016（6）：112 – 115.

[7] 张云，杨凌霄，李秀珍．Fintech 时代金融人才培养实验实训体系重构［J］．中国大学教学，2020（1）：24 – 30.

11 “学验并重”视阈下应用型本科院校金融实验教学探索

——基于消费者信用管理课程的思考

吴 洁 张 云 毛逸卿 陈小洁*

摘要：基于“学验并重”的教学理念，加强应用型本科院校金融实验教学建设符合应用型本科院校人才培养目标，满足金融市场和金融机构人才需求，契合金融专业课程特色和教学目标。本文以消费者信用管理课程为例，分析金融实验教学存在的亟待完善的相关问题，包括实验课程教学观念陈旧、课程内容设计滞后、师资力量薄弱等。在此基础上，建议依据学科特色，系统设计实验课程；引入行业资源，搭建校企共建实验平台；转变教学理念，加强实验教师团队建设。

关键词：学验并重；金融实验教学；消费者信用管理

“学验并重”是理论教学与实验教学并举、理论学习与实验实践互补的教学模式。基于传统观念，理工科对实验教学的重视程度远高于人文社会学科，而伴随着大数据和人工智能的发展，传统金融业务与大数据技术的结合越来越紧密，由此兴起了众多新型金融业务，共同助推着行业的高速发展。基于当前现实情况，客观上要求金融专业教育与时俱进，在教授金融理论的基础上，引导学生了解行业发展的实际情况，掌握相关基本技能，培养理论联系实际的能力，进而能对事物发展形成自己的独立见解，培养能适应经济社会发展的基本素养。

---

* 吴洁，女，上海立信会计金融学院金融学院教师，博士，讲师。张云，男，上海立信会计金融学院金融学院副院长（主持工作），教授、博士。毛逸卿，女，上海立信会计金融学院金融学院2018级本科生。陈小洁，女，上海立信会计金融学院金融学院2018级本科生。

一、加强应用型本科院校金融实验教学建设迫在眉睫

（一）符合应用型本科院校人才培养目标

金融行业日新月异的发展变革，对行业从业人员专业知识的储备量、更新频率的要求也日益提升，给应用型本科院校的人才培养带来了前所未有的机遇和挑战。如何顺应行业发展，完善专业课程体系建设，提高应用型人才培养质量，是应用型本科院校亟待面临的重要课题。毋庸置疑，实验课程教学是关键一环，是帮助学生建立实务业务认知，培养和提升实践操作能力的重要教学手段和方式。在传统金融专业教学中，大多数学校更重视理论教学，常常忽视实验课程建设，但基于应用型本科院校人才培养定位，以就业为导向，以为社会输送更多优秀的金融实务性人才为目标，大学期间开设实验课程可以大大缩短课堂与市场的距离，帮助学生毕业后更快适应金融机构工作，满足市场对人才的需要，因此，结合行业发展现实，不断优化实验课程体系，培养实验课程教学团队，提升实验实践教学质量和层次，是符合应用型本科院校人才培养目标的重要举措。

（二）满足金融市场和金融机构人才需求

金融学专业属于典型的应用经济学科，是对实践能力要求颇高的应用型专业，肩负着为银行、证券、保险等金融机构输送专业人才的重任，对金融行业对标国际标准、持续健康发展起着关键性作用。伴随着金融市场的高速发展，新型金融业务和产品不断涌现，金融行业对从业人员的要求也越来越高，遵循金融学科特点，金融专业本科人才培养应更偏重应用性和操作性，除极小部分从事金融基础理论研究之外，更多金融学子的专业价值是通过市场来体现的，理论知识是基础，理论知识运用于实际是关键。如果大学学习仅局限于课本和理论学习范畴，很难培养真正满足市场需要的专业人才，对于金融专业尤其如此。因此，金融专业培养方案建设过程中，理应加大对实验课程设置的关注度，积极对接实务机构，逐步建立具有科学性、与行业密切接轨的实验实践课程体系，让学生有机会通过课堂了解全球金融咨询、行业发展动态，直观体验业务操作流程，感受市场变化带来风险和收益并存的行业特点，培养学生观察市场、分析市场和投资市场的综合能力，进而满足金融市场对应用型人才的需求。

（三）契合金融专业课程特色和教学目标

金融学科涉及金融学、国际金融、金融工程、金融科技、投资学和信用管理等多个

专业方向，相关专业课程类别众多，包括专业基础课、专业必修课、专业选修课等，不同课程的教学目标、内容和授课计划均不相同，偏重基础理论的课程以课堂教授为主，偏重实验教学的课程以实验室教学为核心，而部分课程兼具理论教学和实验实践于一身，如金融投资学、证券投资分析、银行信贷管理与实务、消费者信用管理等课程，可在理论课程之后开设相应的实验课程，或者在理论课程中设计同步的课内实验项目，提升课程的教学效果。其中，以消费者信用管理课程为例，课程的理论教学部分包括消费者信用理论、消费者信用类别、个人信用建立和维护、消费者信用风险管理、个人信用评分模型、个人征信相关法律和国家标准等内容；而随着大数据征信的发展，以及个人征信业务与互联网消费金融的紧密联系，行业技术发展日新月异，该课程教学呈现着新特点，在此背景下，培养学生信用管理技能的必要性日益突显。因此，建设消费者信用管理实验课程或者开发课程内实验项目能充分体现课程特色，满足个人信用管理行业对人才的需求，同时也为学生今后学习和就业打下坚实基础。

二、基于消费者信用管理课程的实验教学存在问题分析

作为信用管理专业主干课程的消费者信用管理应集理论与实践于一身，课程既涉及个人征信的法律、制度、基础理论和模型等内容，也包括个人信用管理的具体操作流程和方法等，但是，当前开设信用管理专业的本科院校多数只开设了理论课程，鲜有学校同步设置实验课程。随着大数据的广泛运用和人工智能的加速发展，个人征信行业得到了长足发展，相比传统个人征信方法，大数据征信从理念和技术两方面都为个人征信行业开辟了新路径，如果大学课堂依旧只关注诸如传统评级模型的理论教学，显然远远无法满足人才培养需要，因此，在信用管理专业培养计划中增设消费者信用管理实验课程意义重大。

（一）实验课程教学观念陈旧，亟待转变

消费者信用管理课程是一门为防范、控制和转移消费信用风险提供专门技术手段和科学管理方法的课程①，内容涉及经济学、管理学、信息学、数理统计学等多学科知识，作为为信用管理专业学生开设的专业课程，授课教师重理论教学、轻实验实践，对实验教学的重视程度不够，实验课程开发动力不足，投入精力有限。由于我国个人征信业务发展起步较晚，行业市场占比和社会关注度都十分有限，投射到教育领域，多数学

① 唐明琴，林钧跃等．消费者信用管理［M］．北京：高等教育出版社，2019.

校尚未开设对应的独立实验课程，部分学校开设的信用管理综合实验课程只是简单将消费者征信业务纳入其中，或者将与消费者信用管理相关的实验项目通常安排在信用评级实务、征信数据采集与管理等实验课程中，并不能完全反映课程的核心内容。据调研，目前广州金融学院探索开设了独立的消费者信用管理系统实验课程，与理论教学内容形成互补，教学效果良好，其他学校可吸取经验，依托本校办学特点，设计开发实验课程。

（二）实验课程内容设计滞后，亟待更新

当前，关于消费者信用管理的实验项目主要包括个人信用信息采集与管理、个人信用申请与调查、客户信息管理和个人信用评分等，与时俱进程度不够。大数据的广泛运用对征信行业影响巨大，尤其是个人征信信息的归集、共享与评价方面，基于传统个人评分卡模型，个人信用等级评价依赖于金融数据的分析结果，但是，我国有相当数量的居民并未留存金融信息，依据传统模型无法获得准确的信用评分结果，金融机构越发不愿为这部分客户提供金融产品服务，也即所谓的长尾客户。然而，大数据技术将个人征信业务向前推进了一大步，通过获取和整合个人网络行为数据、购买力数据、消费偏好数据、社交数据等，构建大数据信用评价模型，综合判断信用级别，为长尾客户带来了福音。在此背景下，消费者信用管理的实验课程理应与现实相结合，将大数据概念引入实验项目，让学生认识大数据技术对征信业的影响，直观体验大数据归集、共享和运用的全过程，掌握征信技术和流程。

（三）实验课程师资力量薄弱，亟待提升

本科院校中财经类专业教师更偏向理论教学和研究，长期专注实验课程开发的专业教师较少，部分学校会选派非金融专业教学人员承担实验课程教学工作，但是部分老师的专业认知度不够，理论研究基础薄弱，开展实验教学时，仅向学生示范机械的操作步骤，不能同步将专业理论纳入实验教学，较难提高实验课程的教学广度和深度。除此之外，本科院校老师多数是从学校到学校，实验教学团队往往缺乏金融行业从业经验，对实际业务的理解难以深入，理论运用于实际的能力较差，尤其是处理特殊问题的能力有限，导致实验教学与行业实际不符，课程与时俱进的程度不足，教学效果有待提升。

三、完善实验课程教学的对策建议：以消费者信用管理课程为例

（一）依据学科特色，系统设计实验课程

在大数据背景下，金融实验教学要注重将大数据技术与金融学科相结合，消费者信

用管理实验课程亦应如此。可尝试构建独立实验课程与课内实验项目相结合的实验教学模式和方法，教学内容可囊括基于大数据技术的个人信用信息采集、清洗、整合；个人信用报告；个人信用评分卡设计；个人信用评级报告；个人信用贷款全流程；个人催收业务等实验项目。实验课程常常以软件公司提供的实验指导手册为教材，难以形成与理论知识的对接，为规范实验教学过程，应积极编写高质量的实验教材、实验手册和教学大纲等，同时要注重教材内容的及时更新。与此同时，设计科学的考核方式，建立重过程、轻结果的评价标准，不单纯以实验结果对错为评判依据，而更看重实验过程中学生主观能动性的发挥，鼓励引导学生积极思考、协作创新，从模拟实验到创新设计，形成科学、系统、高效的实验教学体系，切实提高学生将理论运用于实际的能力，充分发挥实验课程应有的价值和作用。

（二）引入行业资源，搭建校企共建实验平台

为确保软件内容更贴近行业实际，可考虑积极引入行业资源，构建大数据个人征信归集、清洗、整合、评价和运用软硬件设施齐全的实验平台，可选择与信用管理企业共同开发建设实验数据库、实验软件，共同编写教辅材料，进一步建设校企合作实验室。具体合作项目可包括以下两个方面：一是数据支持。信用管理企业储备了大量真实案例和客户数据，在保证数据安全和个人隐私的前提下，通过数据脱敏，将案例数据共享于教学之中，有力提升实验的逼真性。二是软件开发合作。为提高教学软件与行业软件的贴切度，可选择与企业共同开发教学软件，从而保证软件的先进性和现实性，同时要依据行业发展，及时更新软件，确保软件的实时性，拉进课堂与行业的距离，让学生有机会了解行业最新动态和专业技能。

（三）转变教学理念，加强实验教师团队建设

鉴于高校财经类专业轻实验的现实，应从以下几个方面加大投入，推动实验教师队伍建设：一是学校政策支持。为推动金融实验教学的发展，学校应充分肯定实验课程的重要性，积极构建科学的金融实验课程体系，并给予实验课程建设政策支持。例如，实验课时按原课时的 1.5 倍计算，鼓励专业教师积极承担实验教学任务；专门为实验教师设计有针对性的职称评定标准，引导教师转变思想，积极投入实验教学建设。二是师资队伍培训。实验课程要求教师不断更新知识储备，学校应定期为实验教师提供校内外培训机会。同时，邀请行业导师进课堂，将行业先进理念和技术传授给学生。由于行业导师对从业人员应具备哪些具体的专业素质有清晰的认识，通过授课将行业人才标准及时告知学生，确保学生更加明确学习目标，对择业就业起到重要作用。同时，建立专业教

师与行业的广泛合作和交流，整体提升教师团队水平。三是鼓励教师走出去。应定期委派实验课程教师赴相关金融机构挂职和产学研，及时了解行业发展情况，充分调动教师的积极性。

四、展望

相对而言，应用型本科院校应该更注重培养学生理论与实践有机结合的能力，应该充分认识金融实验课程体系建设的重要性，积极转变实验教学理念，推进金融实验教学改革，发挥教师和学生的主观能动性，创新实验项目，将实验室演练成金融市场。探索“学验并重”的新内涵和新模式，借助金融行业力量，充分发挥产学研作用，不断提升实验教学效果，培养全能型、复合型金融人才，有助于提高学生未来的就业竞争力和工作岗位适应能力。

参考文献：

［1］黄璐，倪兴兴，薛松超，韩忠奇．数字金融背景下的金融工程专业实验教学探索与实践［J］．实验技术与管理，2020，37（12）：189－192.

［2］邢钰．金融科技背景下金融学专业实验课程教学研究［J］．贵阳学院学报（自然科学版），2020，15（04）：92－94.

［3］崔惠颖．虚拟仿真实验教学在行为金融课程中的应用——基于新冠肺炎疫情时期的教学实践［J］．商业经济，2020（11）：189－191.

［4］周丽云．疫情背景下游戏化在《金融计量学实验课》在线教学的应用研究［J］．高教学刊，2020（17）：64－66.

［5］赵彬琰，荣佳．理论与实验结合的商业银行经营管理教学改革探讨［J］．科教文汇（上旬刊），2020（1）：115－116.

［6］王军．职业化教育导向型金融实验教学创新探讨［J］．安徽电子信息职业技术学院学报，2020，19（1）：25－29.

［7］许桂华．基于OBE教学模式的金融学课程教学改革探讨［J］．高教学刊，2017（24）：82－84.

［8］周国辉．应用型本科院校金融实验教学改革研究——以《小额贷款技术及风险管理》课程为例［J］．知识经济，2017（22）：165－166.

［9］蔡键．大数据背景下金融实验教学模式创新研究［J］．高教学刊，2017

(12)：65－66.

［10］王俊籽．高校金融学科创新型实验教学体系研究［J］．现代教育，2017(2)：46－48.

［11］李晓雪．新常态下研析金融实验实践教学的创新［J］．经贸实践，2016(16)：81.

12 现代金融服务综合仿真实习实验课教学设计和实践探析

鲜于丹*

摘要：现代金融服务综合仿真实习课程是我校开设的实验课程。本文从教学理念、实验平台、实验内容、实验流程和考核方法等方面进行探讨。教学理念体现提高学生综合素质，实验内容和实验流程根据商业银行真实业务种类进行设计，提出实验考核方法并指出不足。

关键词：商业银行；仿真实验；教学设计

现代金融服务综合仿真实习课程是我校开设的实验课程，本课程以现代金融服务综合仿真实习平台为实验操作系统。现代金融服务综合仿真实习平台是以我国的现代商业银行为原型，面向现代金融行业发展趋势与人才发展需求，按照机构仿真、业务仿真、数据仿真的原则，构建的跨专业综合实验教学平台。平台设计了大量确保仿真金融服务生态圈运行的具体金融市场数据与案例，如经济环境背景数据、存款数据、贷款数据、债券及其价格数据等，这些数据与案例是学生决策的背景与条件。本平台侧重商业银行业务仿真，并将这些业务管理的规律转换为对具体业务活动开展的业务规则和业务流程，使学生在仿真的金融业务环境下，模拟商业银行运营。

一、教学理念

大学经济管理各专业培养目标要求学生掌握较扎实的理论知识，具有处理各专业方面业务的基本能力，同时要求学生能够适应国家和社会的经济发展需要，以及我国社会主义市场经济建设的需要，培养学生具有良好的职业道德，用所学的理论知识从事相关

---

* 鲜于丹，上海立信会计金融学院金融学院教师，副教授。

业务和管理工作。

专业课程体系中既有理论课程教学，也有实验课程教学。相比理论课程教学，实验课程教学的内容和教学环节体现出多样性和灵活性。例如，现代金融服务综合仿真实习平台实验课程，这门课程是以我国现代金融机构体系为原型，按照机构仿真、业务仿真和数据仿真的原则，构建的跨专业金融综合实验教学平台。该平台通过在校内搭建虚拟仿真的现代金融服务生态体系，让学生通过角色扮演体验各类金融机构核心业务办理过程，感知金融业务的重要风险与合规要求，感知各类金融机构的盈利模式、经营风险与监管模式，感知金融机构之间的竞争与协作，增强学生的经营服务意识、风险防范意识、竞争合作意识。

在专业课程教学中，既要让学生掌握理论知识，也要培养学生勇于担负国家发展和经济建设的重任，培养良好的职业道德，更好地为我国社会主义市场经济发展做出贡献。在教学过程中，有意识地引导学生培养高尚的职业道德，树立全局意识，既达到专业培养目标，也是思政教学在教学活动中的体现。

二、实验平台

现代金融服务综合仿真实习实验操作系统包括管理员模块、教师模块和仿真系统操作模块。管理员模块和教师模块主要提供查询修改仿真系统的基础教学信息数据、教学使用的业务数据和教师管理功能，仿真系统操作模块主要用于用户进行商业银行仿真业务运营模拟操作。

（一）管理员模块

管理员模块包括教学信息和基础信息。其中教学信息包括课程信息、班级信息、教师信息、学生信息和分组信息等，这些信息功能用来查询新增修和删除有关教学信息。基础信息包括成本信息管理、经济背景设置、指标信息管理、机构数据管理、存贷款信息管理、票据信息管理、证券信息管理、债券发行管理等数据。

（二）教师模块

教师模块用于教师教学管理，包括报价查询处理、成交查询、教师期间切换和任务控制。报价查询处理主要对学生开展各项银行仿真业务的报价情况提供查询。成交查询主要提供查询当期和历史期间系统订单的成交情况。期间切换功能为负责该班级管理的教师在该期间所有仿真业务流程进行完毕后，进入下一阶段仿真操作，利用期间切换功能，系统以季度为单位自动切换到下一季度。任务控制中，可以进行教学任务发布、查询未完成任务、查询业务流程、查询业务信息内容、展示不同小组的资产构成等数据。

（三）仿真系统操作模块

仿真系统操作模块包括机构建设、市场信息、客户信息、本方信息、柜面业务、票据业务、存款管理、贷款管理、债券业务、同业拆借业务、业务处理、交易处理和结算清算等功能。机构建设包括网点管理、团队人员和信息系统建设。市场信息包括经济背景指标数据、证券基础信息、债券基本信息、存贷款信息、票据信息、理财信息等。柜面业务可以进行账户开户和账户变动查询。存贷款管理包括存贷款业务发起、业务生效和存取款处理。业务处理包括业务复核、业务审批、业务管理和业务执行。结算清算包括资金清算、清算审批、资金划拨和转账处理。

三、实验内容

本课程为现代金融服务综合仿真实习，以商业银行经营活动为基础，让学生进行模拟运营。前期阶段由教师引导学生进行岗前培训，包括运营规则讲解、存款业务、贷款业务、票据业务、同业拆借业务和债券业务等模拟运营活动培训，后期阶段由各学生小组独立开展各项银行运营活动。具体教学内容见表 12－1。

表 12－1　　现代金融服务综合仿真实习实验课教学内容

	教学内容	学时数
实验一	岗前培训：机构建设与运营规则 1. 了解中国现代金融服务机构体系，了解不同金融机构的主要岗位及工作职责，并根据自己的兴趣选择适当的工作岗位。 2. 了解金融机构模拟运营规则。 3. 学生组队，团队命名，凝练团队口号，参加小组见面会。 4. 了解实习工作纪律，做好实习工作准备。 5. 在仿真系统中完成机构建设。	4 学时
实验二	岗前培训：存款业务 1. 了解存款业务的相关概念：存款分类、存款的计息方式与利息计算、存款准备金等。 2. 在仿真系统中完成第一季度的存款业务操作。	4 学时

续表

	教学内容	学时数
实验三	岗前培训：贷款业务 1. 了解贷款业务的相关概念：贷款分类、贷款的计息方式与利息计算、企业授信、企业信用评级、贷款五级分类与风险计提等。 2. 在仿真系统中完成第一季度的贷款业务操作。	8 学时
实验四	岗前培训：票据业务 1. 了解票据业务的相关概念：票据类型、票据贴现、转贴现、再贴现、贴息的计算方法等。 2. 在仿真系统中完成第一季度的票据业务操作。	4 学时
实验五	岗前培训：同业拆借业务 1. 了解同业拆借业务的相关概念：同业拆入、同业拆出、同业拆借的利息计算等。 2. 在仿真系统中完成第一季度的同业拆借业务操作。	4 学时
实验六	岗前培训：债券业务 1. 了解债券业务的相关概念：债券分类、债券计息方式等。 2. 在仿真系统中完成第二季度的债券现券买卖业务操作。	4 学时
实验七	岗前培训：运行总结 1. 了解金融机构的重要监管指标。 2. 了解金融机构的财务报表。 3. 完成前三个季度金融机构财务报表与监管报表的编制。 4. 结合本机构的经营情况与监管要求，撰写试运行总结，并进行交流。	4 学时
实验八	正式运行 1. 完成两个季度的运行：持续扩大银行业务规模，熟悉业务操作。 2. 完善金融机构的运营方案，确保金融机构的稳健运营。	12 学时
实验九	实验总结 1. 撰写小组经营总结。 2. 撰写个人实验报告。 3. 小组经营总结交流。	4 学时

四、实验流程

在商业银行业务仿真运营活动中，每个小组经营的业务都要由小组成员共同协商，然后各司其职，在软件系统上进行操作。例如，存款规模、贷款规模的确定，存款对象、贷款对象的选取，贷款对象资格的审查，授信额度的确定和风险管控措施等都需要小组成员进行分工合作，共同完成。每个成员都有自己分内的任务，然后都要在每个银行的注册资本金和经营成本控制下开展业务，这样让学生站在整个商业银行经营的角度，结合自己承担的任务去开展实验。整个实验过程培养了学生独立工作能力、团结合作意识、集体主义精神及风险防范意识。

（一）机构设置

本课程教学中，一般每个教学班大约为 40 人，可以分为 8 组，每组 5 人，每组代表一个商业银行总行，8 个小组同时经营一个商业银行，经营期限为四个季度，最终以一个经营周期为考核标准，针对每个小组对一个商业银行的经营业绩进行考核。总行下面建立 1 到 2 个网点，5 个学生之间各自又有分工，一个学生担任行长也是小组组长，一个学生负责资金管理工作，一个学生负责交易处理工作，一个学生负责资金清算工作，一个学生负责清算审批工作。每个小组即为一个商业银行营业网点，每个营业网点要设置 5 个业务团队，包括对私存款团队、对私贷款团队、对公存款团队、对公贷款团队、资金管理团队等。每个网点在一年时间四个季度内要开展存款业务、贷款业务、票据业务、债券业务、同业拆借业务等几项业务。每个季度结束后由教师进行期间切换，进入到下一个季度开始银行仿真经营活动。

（二）存款和贷款业务

存贷款业务是商业银行最基础的业务，教师先引导各组银行在经济背景信息中选取金额、利率和期限合理的存贷款业务进行报价，报价结果由教师确认成交即可获得该笔存款贷款业务。成交后进行客户信息录入，为客户开立基本户或一般户，然后办理存款录入业务，存款录入过程中由小组其他成员分别完成业务生效、业务审批和资金清算等工作。贷款业务中一个很重要的环节是选取贷款对象，贷款对象有违约客户需要学生判别，需要根据企业客户的行业状况、财务数据和发展前景等信息进行分析，教师应该帮助学生进行财务分析和信用分析。

（三）票据业务

票据业务中，教师先引导学生查询票据信息，让学生了解出票人、承兑人、持票人、收款人、背书人、出票日期、承兑日期、不同开户银行、贴现金额和贴现率等概念和信息。然后，由各个小组银行进行报价，完成报价后由教师确认成交，各小组填写电子银行承兑汇票，再进行客户信息录入、客户信息开户、票据交易申请、复核、资金清算、清算审批和资金划拨等业务。

（四）同业拆借业务

同业拆借业务要求每两组银行为一个组合开展此业务，一组为拆入方，一组为拆出方，两组相互录入对方为本方客户的客户信息，双方签订拆借合同，确定好拆借金额、拆借期限和拆借利率后，双方同时进行同业拆借信息录入，然后两组分别进行业务复核、业务审批、业务执行、成交处理、资金清算和资金划拨等流程。同业拆借业务中，两组银行的客户信息、银行编码、业务编号和交易密码等信息必须一致，否则实验操作系统会阻止操作，导致此项业务不能开展，所以在学生实验过程中，教师要严格监督和细心指导。

（五）债券业务

债券业务中教师引导学生进入市场信息，查询债券基本信息，选择购买的债券，引导学生了解债券的发行日期、到期日期、起息日期、上市日期、券面总额、净价、全价、到期收益率等概念和信息。然后，各组进行债券买卖，发起债券业务，复核登记成交信息，进行成交处理，以及成交复合、结算清算和清算审批等流程。

在本课程实验初期，有些小组没有很好的经营理念和经营能力，无从下手，很多业务无法开展，实验设计中，所有业务都要通过竞争来完成，不管是存款业务、贷款业务、票据业务、债券业务，还是同业拆借业务，都由各个小组之间通过竞争来开展。在实验初期，除了教师的指导作用，还可以让经营效果比较好的小组分享他们的经验，体现出虽然是竞争对手，也要互相关心、互相帮助、互相学习、取长补短、共同进步的合作意识。

五、考核方法

本实验课考核主要从考勤、课外作业、实验成绩、课堂表现和实验报告五个方面进行考核。按百分制考核，其中考勤占 15 分，业务附件占 20 分，实验成绩占 30 分，课堂表现占 20 分，实验报告占 15 分。课外作业为实验过程中开展各项银行业务时所填写和上传的业务附件，包括存款合同、贷款合同、授信报告、同业拆借成交单、同业拆借合同、电子银行承兑汇票、贴现凭证、债券买卖备忘等业务附件。根据各小组业务附件资料的完整性和准确性进行考核。实验成绩根据各小组操作系统中银行各项指标，如资产组成比例、存贷比、资本充足率、本期收益、存贷款规模、同业拆借金额和利率、债券买卖金额和利率、票据贴现金额和利率等进行考核。课堂表现主要考核各小组成员课堂参与程度、合作精神、风险意识及软件系统操作能力等。实验报告按照实验内容、实验步骤、实验总结和心得体会等方面进行考核。

六、总结

现代金融服务综合仿真实习实验课在我校开课以来，因为本课程以商业银行实际经营活动为原型，学生从设立银行、建立网点、配置人员、建立信息系统入手，逐步开展银行存款业务、贷款业务、票据业务、同业拆借业务和债券业务等，模拟商业银行正式经营活动而逐步开展，学生可以把所学的金融学、财务管理、市场营销等理论课程与实验实训课程相结合，既巩固了理论知识，也提高了实际操作能力。学生学习热情高、参与度广，在教学计划中是一门非常实用的课程。但本课程也存在一些问题，例如，在教学过程中，因为课程实验要分小组进行，导致每个小组成员实验内容不一样，实验难度不一样，实验工作量不一样，使成绩考核存在很大的难度。在今后的教学活动中，还需在优化教学流程和完善学生成绩评定方法等方面进一步加强和提高。

参考文献：

[1] 朱欢，解凤敏．体验式教学在商业银行沙盘模拟实验课的应用 [J]．金融理论与教学，2019 (1)：94－97.

[2] 丁杰．“商业银行经营管理实战沙盘”实践教学改革研究 [J]．金融理论与教学，2018 (3)：89－92.

[3] 李剑飞．ERP 企业经营沙盘教学的思考 [J]．中国教育技术装备，2016 (3)：41－42.

13　应用型高校大学生创新创业的研究

吴　良[*]

摘要： 创新创业教育是我国高等教育改革的重点和热点。目前，我国应用型高校创新创业教育存在诸多问题，为了解决这些问题，本文从创新创业教育各个方面，研究如何提高和培养大学生创新创业能力，并提出现阶段此类教育改革的相关对策。

关键词： 应用型高校；创新创业；教育改革

创新创业教育是我国当前高等教育改革的重点和热点，是教学理念和模式的创新。早在2015年5月，国务院就发布了《关于深化高等学校创新创业教育改革的实施意见》，指出各高校要在创新型人才培养体制上下功夫，大力进行创新型人才培养，解决社会经济发展需求与高校人才培养不匹配的矛盾。因此，我国各高校要积极推动创新创业教学改革，要把创新创业教育和专业理论课程有机融合，在教学内容和教学方法、社会实践和师资队伍等方面进行探索和改革，构建全方位、多维度的人才培养体系，不断提高大学生的创造精神和创业能力，满足当今社会对应用型人才的迫切要求。

一、国内外高校创新创业教育概述

（一）国外高校创新创业教育

世界上最早开展创新创业教育研究和实践的国家是美国。1947年，哈佛商学院就首先开设了创新企业管理课程。当前，美国的创业教育体系已经覆盖了基础教育到高等教育，哈佛大学、宾夕法尼亚大学等著名高校还设有创业类本科和研究生专业，还有创业教育教学和研究的博士研究生。1982年，英国出现大学毕业生找工作困难的问题，为了解决这个问题，英国设立了“大学生创业”项目，这是英国创新创业教育的起点。

* 吴良，男，上海立信会计金融学院教师，讲师、经济师，主要从事金融、企业管理课程的实验教学和研究。

20 世纪 50 年代，为了提高大学毕业生的实践能力，德国实行了创新创业教育。20 世纪 90 年代，新加坡、韩国等国家清醒地认识到创新创业教育的重要性，大力发展创新创业教育，积极培养创新型人才。从国外大学情况我们可以看出，国外创新创业教育思想和理念主要是以学生为主体，通过对大学生个人素质的综合培养和开发，培养大学生创新创业的综合能力，增强大学生创新创业的自信心，最终实现自主创业。

（二）国内高校创新创业教育

我国在“十二五”期间，就实施了卓越工程师教育培养计划和科教结合协同育人行动计划，这是我国高校创新创业教育的开端。但从实际情况来看，创新创业教育取得的实际效果却不显著，理论研究和教学实际还处于初级阶段。我国的创新创业教育研究可分为三个阶段：第一阶段是 1989—1999 年，这个时期，我国高校创新创业教育主要进行素质教育等相关方面的研究；第二阶段是 2000—2009 年，我国部分高校开始进行一些和创新创业相联系的科创大赛；第三阶段是 2010 年至今，全国性的高校创新创业比赛已成为常态化的制度。有些相关领域的专家对创新创业教育进行了深入研究，并把它放在人才培养体系当中，取得了较好的效果。

（三）应用型高校大学生创新创业教育的概念界定

20 世纪 80 年代，在国际教育发展大会上，联合国教科文组织提出了“创业教育”（Enterprise Education）的概念。经过长时间的发展，现在的学术界和实务界普遍认为，创业教育是教育部门及职能部门培养学生创业的意识和素质及技能的教育活动，是培养学生适应社会需求、提高综合素质及能力，并开展自我创业的方法和途径。应用型高校作为主要培养应用型人才的高校，更应把应用性教育和社会实际需要结合起来，开展大学生创业教育，培养学以致用的应用性人才，拓展大学生的就业渠道。因此，进行应用型高校大学生创业教育，应用型高校要进行全方位的改革，这些改革涉及课程体系的构建、教学内容的更新、教学新方法的应用等诸多方面，以达到增强大学生的综合素质和创新意识、满足社会发展的需要的目的。

二、当前应用型高校大学生创新创业教育存在的不足

（一）创新创业教育思想重视程度有待提高

我国传统教育观念认为，教育的主要任务是传授知识。部分大学生认为只要在学校

把专业知识学好就可以了，其他东西可以不关心，没有认识到创业教育的重要性；有些大学生认为，创业教育主要是对综合和创新能力强的大学生开展的，其他大学生并不需要；另外，还有大学生认为，创业就是开公司赚钱，没有理解创业真正的意义。有一部分教师对创业的认识有偏差，认为创业是靠大笔金钱的投入才能成功，没有认识到知识积累和技能训练对创业的重要性。

（二）创新创业教育课程体系不完善

在创新创业的课程教学实践中，有很多应用型高校是把创新创业教育课程列为选修课来开设的，课程设置和教学方法的科学性和新颖性还有待提高。创新创业课程的讲解内容主要是介绍创业的一些基础知识，内容十分庞杂，没有针对性，尚未形成完善的创新创业教育课程体系。许多应用型高校开展的教学方式是课堂传授，实践教学开展的较少，取得的实际效果难以令人满意。

（三）创新创业教育队伍建设还不完善

创新创业教育知识广度较宽，牵涉许多学科，对教师的要求较高。需要教师既有理论，又要在创业方面有所经历。在许多应用型高校里面，具备理论和应用背景的教师数量很少，并且许多教师的知识体系较单一，影响创新创业这门学科的教授。因此，创新创业的师资现状，导致这门课程的教学工作存在着一定的局限性，教学质量有所欠缺。

（四）创新创业的氛围尚未形成

当前，我们创新创业实践教育的主要形式是以大学生创新创业大赛等比赛为参照，参与的教师和学生很少，大部分学生很难加入其中，没有形成全员参与的氛围。这对大学生的创新创业愿望影响较大，打击了他们创新创业的自信心。

三、创新创业教育改革的发展思路

从本质上讲，应用型人才和创新创业人才的培养都是培养社会需要的学以致用的人才。因此，应用型高校要高度重视“应用”这个核心关键词，培养社会所需要的创新创业人才。

（一）树立创新创业教育的新理念

专业课教学是创新创业教育的根本，没有专业基础做支撑，创新创业教育是无本之木。创新创业教育需要科学和完备的教育体系，只有这样，大学生创新创业各方面的综合素质才能得到有效提高。高校各层面的工作人员应该更新教育理念，突破陈旧人才培养的桎梏，在创新创业教育理念及人才培养等各方面进行全面的改革与创新，创新创业教育和专业教育必须互相补充，共同发展，作为大学教育的一个重要的组成部分，而不是把创新创业教育作为一种时髦的摆设而流于形式。我们要把创新创业教育融入教育的各个环节，丰富我们的课程体系，进行教学和科研及人才培养的无缝衔接，培养大学生创业意识和创新精神，增强他们的社会竞争力。

（二）打造符合实际的创新创业课程体系

重理论、轻实践是我们当前教学的现状，为此，大学教育应强化基础理论的教学和研究，同时，加强各学科专业之间的融合、渗透，并重视理论联系实际及学生综合能力的培养已成为共识。加强创新创业教育和专业理论课程及实践课程的结合程度，构建完备、科学的创新创业教育体系。专业教育是根本，大学的各专业课程要协同发展，高校根据创新创业的实际情况，开设相关的课程，创新教学方法，提高大学生对课程学习的兴趣。注重对大学生综合素质的培养，教导大学生注重实践成果的转化，重视实践教育，建立长久的实践基地，使大学生在实践中提高各方面的能力。大力发展国际教育，与国外相关的大学进行联合培养，拓宽大学生的眼界，使他们迅速成长。广泛开展校园创新创业文化教育活动，从而提高大学生的综合素质。

（三）有效提升大学教师的创新创业教学水平

时代在发展，创业创新教育对高校教师的素质要求也在提高。教师教学理念和方法也要与时俱进。因此，高校要打造一支理论和实践综合素质较高的教师队伍。第一，创新创业教育培养的是开创性人才，教育工作者在思想上和工作上应具备开拓性。第二，提升自身各方面的能力。高校应为教师提供创新创业方面的各种学习和培训的机会，提高高校教师的综合能力。加强校企合作，为教师提供到企业的机会，从而提升教师的创新能力。招聘富有实践经验的优秀人员，充实高校的教师队伍，开设相关的实践课程，培养大学生的综合能力。

（四）开展积极心理学的大学生创业教育

高校大学生正处于思想和心理状态的发展阶段，他们无社会经验，做事较冲动，光靠热情是很难做成事业的。在此阶段，高校应结合大学生思想和心理实际情况，聘请心理学的专业人员，开展积极心理学的大学生创业教育。针对大学生将来创业可能遭遇的问题进行深入分析和研究，借助相关积极心理学的方法，引导大学生客观地分析自己，发现自身的优势，以积极的心态投入到创业的工作当中，提高创业的成功率。

（五）帮助大学生建立科学的自我认知能力

应用型高校应经常开展模拟创业项目的演练，安排有经验的教师对大学生进行专门指导，帮助大学生针对项目实际做出完整的模拟计划，在项目中设置许多意外情况和困难，要求项目参与者提供解决方法。通过一系列的模拟训练和具体情况分析处理，可挖掘大学生创业潜力，让大学生清醒地认识自我，对自己是否适合创业进行思考，查漏补缺，提升自身能力，为今后的创业打好坚实的基础。

（六）培养大学生的“系统工程”观

以开发创造力为核心基础，优化应用型课程体系，在教学方法上进行大胆创新。善于运用数字信息技术，进行小微课程建设，改变传统教学方法，变“教学”为“引导”，使大学生成为创新创业实践的主力军。把专业教学和创新创业教育结合起来，把先进的创新创业学术和实践引入课堂教学，如 ERP 沙盘模拟实验课程就是一种很好的创新创业课程，课程让每个小组的学生在同等条件下创建一个虚拟企业，不同的经营理念和经营策略将导致不同的经营结果，以此引发大学生的深度思考，激发他们的思维活力。指导大学生进行创意项目研究，鼓励项目创新性，培养大学生解决问题的全局性“系统工程”观。

（七）建立多层级的创新创业团队

应用型高校应转变传统观念，突破高校的专业和年级藩篱，建立以兴趣为导向的创新创业大学生团队，将各学科和各专业及各年级有创业意愿的大学生组织起来，实行有组织的规范管理，进行创新创业宣讲，大力开展创新创业的会议及活动，营造良好的创新创业环境。

（八）搭建师生良性互动的实践平台

应用型高校应搭建师生良性互动的实践平台，引导大学生开展探索性的创新创业教育和训练，培养大学生的团队综合工作能力。师生互动的实践平台应不同于一般的教学组织，要在管理模式上大胆创新和实践，成为指导大学生参加创新创业各类项目和竞赛、指导大学生发表创新创业学术论文、帮助大学生进行科研成果转化、为大学生提供表现自我的平台，挖掘大学生的潜力，提高大学生创新创业的各项综合能力。

四、结语

在开展应用型高校大学生创新创业的教育中，高校要从多层次的教育现实考虑，对传统的教学内容和方法进行大胆创新和改革，将创新创业实践教学和专业教育进行有机结合，推陈出新。积极鼓励大学生进行创新创业的实践，提升大学教师的创新意识和水平，大力开展创新创业的实践培训力度，扩大对外交流范围，挖掘高校的各种教学资源，满足社会对创新创业教育和人才的期望。

参考文献：

[1] 吴文辉．应用型高校创新创业教育体系研究［J］．河北能源职业技术学院学报，2016，16（3）：1－2＋5.

[2] 郝永建．应用型本科高校学生创业实践平台建设研究［J］．中国大学生就业，2016（20）：46－51.

[3] 邱佳佳，王熔，李晓凯．“互联网＋”背景下首都应用型高校大学生创新创业问题研究［J］．劳动保障世界，2017（33）：3.

[4] 郝永建．浅谈应用型高校建设中教师创新精神的培养［J］．教育现代化，2017，4（52）：31－32.

[5] 蔡代平，蒋浪，李春苗，闫雪．应用型高校创新创业类课程体系建设的思考［J］．科技创新导报，2018，15（17）：221－222.

[6] 吴明明，周欢欢．“互联网＋”模式下应用型高校大学生创新创业辅导制度的构建［J］．科技资讯，2018，16（17）：130－133.

[7] 陈艳玲．应用型高校双创平台建设中存在的问题及路径分析［J］．人才资源开发，2018（22）：33－34.

[8] 李超．“大众创业、万众创新”背景下应用型高校人力资源管理专业人才培养改革探索［J］．人才资源开发，2018（23）：46.

[9] 谢旭婧．应用型高校学生创新创业能力培养研究［J］．教育教学论坛，2019（39）：112－113.

[10] 卜俊，孙培贤，唐刚．创新创业视域下应用型高校人才培养改革模式探究［J］．福建轻纺，2019（10）：28－32.

[11] 王兴．大学生创新创业教育改革探讨［J］．现代商贸工业，2019，40（36）：

65－66.

［12］郑金华，何玉婷．创新创业视角下的教学设计探讨［J］．职业技术，2019，18（12）：52－55.

［13］刘步中．优化双创教育实践育人模式，提升大学生就创业能力［J］．智库时代，2019（46）：36－37.

［14］朱培源．双创教育融入专业课程的优化路径研究［J］．智库时代，2019（46）：218－219.

［15］黄本海．创新创业教育与专业教育如何融合发展探析［J/OL］．中国商论，2019（21）：225－227［2019－11－27］．https：//doi. org/10. 19699/j. cnki. issn2096－0298. 2019. 21. 225.

14　大数据时代高校金融专业实验教学模式创新探析

魏　忠[*]

摘要：近年来，高校金融专业持续发热。在大数据时代背景下，对应用型复合金融专业人才的需求与日俱增，存在较大的市场缺口。高校以培养金融专业人才为目标，金融专业实验教学则是一个重要环节。基于当前实验教学的现状，找出实验教学中存在的问题，提出以市场需求为导向，以培养高质量应用型复合金融专业人才为目标，创建"校企会"联合培养模式，完善实验教学体系，加大软硬件投入，加强双师型师资队伍建设，实行"两阶段""双导师"培养机制。

关键词：大数据；金融专业；实验教学；校企会

一、前言

伴随全球经济一体化的不断推进和通信网络技术的快速发展，全球金融业的经营发展模式已由传统模式逐渐向互联网科技金融模式转型，金融市场对金融专业人才的要求越来越高，对高质量应用型金融人才的需求越来越大，现实中的金融人才就业压力巨大。

近几年，高校金融专业考研的人数一路猛涨，竞争日趋激烈，金融专业人才就业的残酷现实与个人的盲目乐观形成巨大的反差。实际上，每年一部分学生在毕业之后未能如愿走上金融之路，以对口的银行为例，其前台运营、客户理财、市场营销等基础岗位，对职位的要求通常不再限制专业，这极大地增加了金融专业学生的竞争压力，金融专业学生想要在激烈竞争中脱颖而出，必须拥有一定的不可替代的金融技能。

---

* 魏忠，上海立信会计金融学院教师，博士，副教授，研究方向：金融理论、宏观经济。

大数据时代，每一天每一个行业都会产生海量的数据，在这些海量数据之中挖掘出有价值的信息，能为行业和企业提供发展的决策信息，因此大数据已经成为社会发展的一种重要的生产要素。大数据是伴随数据信息的存储、分析等技术进步，而被人们所收集、利用的超出以往数据体量、类型，具有更高价值的数据集合、信息资产。大数据具有数量大、多样化、高效性和潜在价值高等特点，大数据的应用不仅为金融业经营模式的转型提供了重要契机，而且也满足了金融市场对高质量应用型金融人才的需求。

在大数据背景下，金融市场对具有分析、开发、设计、运营等技术的金融人才需求量大增，目前多数高校仍依靠单纯的理论教学培养出的人才，已经不能够适应金融市场的要求，因此我们要整合社会资源，加强金融应用型复合人才的培养，在坚持校企合作模式下，积极引入政府有关部门、金融行业协会，组建联合监督指导委员会，形成“校企会”多方联合培养模式，共同培养高质量金融人才。

二、实验教学现状

目前，高校金融专业实验实践教学采用以校内金融实验室为基础，实验课程体系为主体，以校外实习实践基地为辅助的教学模式，主要包括以下方面。

（一）实验课程规制

目前，高校金融实验课程，一般设置在专业基础课程学习之后的下学期进行，开设的独立实验课程大都采取学分制，一般课程 2 学分，少数课程 3 学分，为 36 学时或者 54 学时。在许多高校，学生在大二时，通常利用暑假时期进行相关专业的社会实践活动，来提高对金融工作岗位的认知能力，并为岗位专业实习做前期实践积累。在大三下学期或大四上学期，学生进行校外实习，开展实习实践基地锻炼，记载相关实习周记，撰写实习报告，是毕业学生论文设计的一部分，记入毕业学生档案，实习时间一般为 2—3 个月。

（二）实验课程体系设置

各高校金融专业实验教学，主要以相关实验教学软件作为辅助，开设以模拟金融实务操作为主的实验课程。以银行、证券、保险等公司相关业务经营为架构，开展模拟实验教学，包括银行业务模拟、证券业务模拟等操作，培养学生相关金融操作的基本技能和熟悉基本业务流程。在实验课程设置上，包括独立的实验课程和包含在理论课程里的课程实验项目。同时，根据专业学科的建设，由学校或与企业联合组织进行相关金融专业基本技能竞赛，如金融知识竞赛、资金理财大赛、保险营销竞赛、银行点钞竞赛等。

此外，还有跨专业金融实验教学，如设置金融实验开放课程、开放实验项目及开设跨专业综合实验等。学校也十分重视培养学生的创新创业能力，组织学生参加国家、省（部）、市级的大学生创新创业类、投资理财类大赛，引导学生积极参与国家、省（部）级的以调研和实验为基础的实践科研项目申报。

三、存在的主要问题

基于地方应用型高校实验教学的现状，发现有如下六个主要问题。

（一）实验教学内容滞后

金融学是一门应用型非常强的专业。在金融人才培养过程中，实验教学是联系理论与实践的重要教学环节，因此实验教学的重要性是显而易见的。在金融专业人才培养过程中，各高校普遍都存在重理论、轻实验的问题，实验教学一直处于附属地位，是理论教学的补充，例如，商业银行综合业务、股票、期货、外汇等模拟交易的实验课程，都是与商业银行、证券、保险等基础理论知识相对应的验证性课程。此外，从教学内容看，存在着层次较低、乏善可陈、陈旧滞后的情况，落后于时代的发展，不能与时俱进，与市场结合不紧密，脱离实际。

（二）实验教学软硬件条件投入不足

实验教学的硬件和软件是实验教学的基础，是确保实验教学质量与效果的基本条件。可是，各高校普遍存在软硬件投入不足的情况。随着通信互联网信息时代的快速发展，金融专业实验教学对软硬件的要求越来越高，例如，独立的金融设计实验室、仿真交易模拟实验室等，可是很多学校现在都还没有专用的金融实验室，更没有专业的实验教学和指导教师。多数高校实验室的软硬件条件比较薄弱，只能满足基本实验，不能及时更新升级。此外，学校已有的实验教学资源也未能深入开发，使部分实验教学软件和数据库没能得到充分使用，造成一定的资源浪费，降低了学校购买意愿。

（三）缺少双师型教师

师资力量是人才培养的关键，各高校普遍缺少理论与实践兼备的双师型教师。金融专业是理论与实践紧密联系的一个应用性强的专业，因此对金融专业教师的要求也更高，不仅要懂理论，还要能够开展实践实验教学，这样的双师型教师十分缺乏，束缚着金融实践创新能力的提高。

从地方应用型高校来看，现有的金融专业教师不仅要承担理论教学，还要承担实验教学，多数人的实际情况是，理论教学水平相对较高，而实验教学只是符合实验教学的基本要求，对于开设互联网金融、大数据分析等课程的实验教学比较困难，不能满足现时学生和市场的要求。因此，对于应用型金融专业人才培养，实验教学应拥有专职的实验教师队伍。

（四）实验课程体系不完善，综合技能实训不足

实验课程体系的建设在人才培养方案中是十分重要的，用来培养学生动手能力、实践技能和创新智力，保障学生获取专业知识和提高实践能力，所以实验课程体系的建设是提高和保证学生实践能力的重要环节，要及时调整，不断升级，顺应社会发展，满足市场需求。

目前，实验课程的内容基本上是围绕银行、证券、保险等专业的基础理论知识开设的，内容紧跟专业课程，在学习理论知识之后，再进行实验教学，验证基础理论知识。在课程之间，理论和实验联系不密切，处于隔离状态，融合程度不高。实验教学呈现单一模式，验证性较强，主要是对某些课程知识的验证实验，缺少综合实验，创新创业型实验更少，因此学生的综合技能训练不足，不能够全面掌握相关知识，造成学生的应用能力不高。

（五）考核标准不高，教学效果不佳

实验课程的考核，是检验学生掌握基础理论知识和实际操作技能水平的主要手段，是实验教学体系的重要环节。一套行之有效的考核标准，要能够检测出学生掌握知识的程度及操作技能的水准，是衡量实验教学效果的重要内容。

当前，金融专业实验教学的考核普遍不完善，不能够真实反映实验教学的效果。事实上按照要求，完成实验教学的内容，留有记录，完成和提交实验报告即可。任课教师或者教务部门对实验记录和报告缺少深入分析，难以全面反映学生是否真正掌握实验技能和解决实际问题的能力，难以达到预期效果。

（六）实习实践培养机制不完善

实习实践是实验教学的重要组成部分，是毕业学生熟识职场情况的必要手段。在实践教学中，高校与金融机构签订了共建实习实践基地协议，组织部分毕业学生进入实践基地进行实习，但由于缺乏长期合作机制，实践基地建设对促进学生职业化发展不是很明显。一般情况，金融机构为避免其工作效率受到影响，会尽可能缩减毕业生实习人

数；在实践基地，没有明确的实习导师指导制度，学生实习计划安排缺乏科学性，实习目标不明确，实习考核大多流于形式。此外，由于金融机构每年用人计划与实践基地缺少有效衔接，学生到校企合作的实践基地进行实习与毕业就业基本脱节。

总之，在实验教学的现状和问题下，学生的实习实践创新能力难以突飞猛进，金融专业人才培养目标难以圆满实现。因此，实验教学如何进行改革，成了金融专业人才培养过程中不得不思考的现实问题。

四、创新思路与措施

在大数据时代背景下，以满足金融市场人才需求为导向，培养高素质应用型复合金融人才为目标，提出金融专业实验教学改革创新思路与措施，具体如下。

（一）确定人才培养目标

以市场需求为导向，以培养应用型复合金融人才为目标，紧跟时代发展，满足社会需要，制定人才培养方案和措施，定位于培养出具有扎实理论知识和创新实践能力的高素质人才。

金融专业是一个实践性强的应用型专业，大数据时代对学生的要求越来越高，不仅要掌握基本理论知识，还要具有大数据分析与思维能力。在大数据时代，培养和提升在校大学生的大数据分析能力，主要就是通过实验教学来实现。因此，人才培养目标一定要以金融市场需求为导向，突出大数据分析与思维能力，满足金融机构对金融人才的要求。

（二）完善实验课程体系，优化实验教学方法

实验课程体系的建设是培养学生成才的重要方面。现有的实验课程还是围绕传统金融理论知识开设的，已不能适应大数据时代的要求。因此，要结合市场情况，完善实验课程体系，创新实验教学内容，优化实验教学方法。

让学生掌握金融基础理论知识，是人才培养的基本要求。我们要结合大数据时代对金融专业人才的要求，加强实验教学，提高学生的应用技能。实验课程体系的建设，一定要以提高学生动手能力为目标，从仿真、模拟、综合等实训进行，优化创新实验模式，注重提升学生大数据分析的科学思维和动手能力。此外，在保证完成基础实验下，实验内容设计要重点强化综合实验、实践实验等项目，提高学生的创新能力。要不断优化实验教学方法，围绕实际问题，采用讨论式、参与式、互动式等方法开展实验教学，

保证教学质量，提高教学效果。

（三）加大软硬件投入，加强双师型师资队伍的建设

教师队伍和实验室的建设是保证实验教学质量的两个软硬件条件，只有加大对两者的投入，才能培养出既懂专业知识，又具备实践能力的应用型复合人才。

实验室建设属于硬件建设，只要有足够的资金，较短时间之内就可以完成。而高水平的双师型师资队伍的建设，不是一朝一夕就可以完成的，我们可以从多个途径入手，例如，可以通过学校招聘、人才引进等政策招入外部师资人才，还可以对现有师资力量进行培训，让教师及时充电、更新知识，掌握最新的大数据分析技术。总之，一定要凸显教师在实验教学之中的核心地位，让教师发挥主导作用，为提升金融专业人才的实践创新能力打下坚实基础。

（四）构建一套实验教学的综合评价体系

实验教学的综合评价是保证教学质量、提升教学效果的重要手段。评价实验教学的质量和效果，不应仅由任课教师单独完成，而应由多方参与，共同构建一套全方位的、综合的实验教学评价体系来完成，这样才能够对实验教学起到客观检验和评价的作用。

实验教学的评价体系，要由学校、金融机构、二级学院、教师、学生等多方主体一同参与，共同构建，包含一系列评价实验教学质量和效果的制度安排和工作方法。简单说，从学校、金融企业、二级学院层面，制定一套行之有效的制度和实验教学管理办法，组建实验评价专门机构，成员由学校、金融企业、学院专业人员组成，负责对实验教学的整个过程及教学质量和效果进行综合评价，进一步促进和提高金融实验教学的水平。同时，从教师的角度，在实验课程完成之后，应对学生的操作能力、实验报告及创新思维等方面进行综合评价；从学生的角度，要针对实验课程的教学内容、实验设计、指导过程、实验考核等方面进行评价。

由多元主体参与构建的实验教学评价体系，可以对实验教学质量和效果做出比较客观的真实评价，可以进一步确保金融人才实践创新能力目标的实现。

（五）创建“校企会”合作模式

政府有关部门、金融行业组织、金融企业参与金融人才培养是提高学生实验实践能力的重要途径，是保证金融人才培养质量的重要方式。过去，学校单方面让学生到金融企业进行实习，这一旧模式已经不能适应当前人才培养的需要，面对社会的快速发展和大数据时代的来临，需要高校与政府机构、金融行业协会、金融企业进行全面合作，通

过“校企会”合作，创建新模式和新机制，提高金融专业人才的实验能力。

学校把学生送到相关的实践基地，如商业银行、证券公司、保险公司等金融机构，这种传统方式让学生通过实习将基础理论知识转化为专业技能，此模式已不能适应大数据时代发展的要求。在传统模式上，我们提出要创建“校企会”新的合作模式，由政府金融办或中国人民银行、高教局（委）、金融行业协会、高校、金融企业等共同参与。由政府有关部门牵头，组建联合监督指导委员会，对实验实践教学的制度安排给予引导，对实验实践教学给予支持和监督；高校作为主导方，通过实验教学和校内导师为学生提供充足的金融专业知识，负责仿真实验教学平台的日常运营和管理；金融企业作为重要的参与方，协助高校建立模拟仿真的实验教学平台，一方面提供资金和技术支持，另一方面为学生提供专业技能指导，提高学生实践技能，帮助学生制定职业规划，学生通过优异的实习表现可获得金融企业直接留用，这样既减少了高校就业压力，也减少了金融企业招聘和培训员工的支出。

（六）实行“两阶段”“双导师”联合培养机制

为了更好地合理安排学生的实习实践教学时间，将时间分为两个阶段，即校内阶段和校外阶段。大二和大三在校内实训，掌握理论知识，通过仿真实验室进行专业实训，培养基本技能，大四到金融企业进行实践实习，熟悉职场情况，利用所学知识、实践经验和资源，进行毕业论文撰写。

“双导师”制度是为了更好地促进“两阶段”培养所建立的。“双导师”是指每位学生都有一名校内的导师和一名校外金融业界的精英导师。校内导师，以校内为主，对学生在校内阶段的培养计划、论文撰写进行指导和帮助；校外导师，以校外为主，主要对学生在校外实习基地的实践实习进行必要的指导和帮助，并对学生毕业论文写作的素材给予支持。此外，需要联合监督委员会，引导、完善和实施导师的选聘、考核、激励和监督制度。对校内外导师，委员会定期进行督导和检查，对违规导师进行警告、解聘，促进双导师制度的有效运行。委员会可以通过发放岗位补助金、奖金、资质证书等奖励手段，促进和提高校内外导师的积极性和责任性。

五、结语

在大数据时代，对金融专业人才的要求越来越高。本文就如何通过实验教学及其创新模式，培养金融专业高质量应用型复合人才展开讨论。在普通高校实验教学现状的基础上，结合大数据对金融专业人才的要求，提出实验教学的“校企会”合作新模式，创建联合监督指导委员会，实行“两阶段”“双导师”联合培养机制，希望能够起到抛砖引玉的作用。

在大数据时代，目前各高校对于金融专业人才培养的实验教学，大都处于探索和发展阶段，形成了一系列特色鲜明、更加实用的实践教学经验。因此，期待更多学校和学者总结出实验教学的实践经验和改革措施，积极进行交流，共同提高实验教学水平，为国家培养出更多高质量的应用型复合金融人才。

参考文献：

［1］王军．职业化教育导向型金融实验教学创新探讨［J］．安徽电子信息职业技术学院学报，2020（1）：25－29.

［2］赵周华．大数据背景下金融专业实验教学的现状及改革思路［J］．辽宁教育行政学院学报，2019（5）：66－70.

［3］余文玉，蔡冬梅．职业标准指导下的金融专业实验实践课程体系研究［J］．时代经贸，2018（13）：94－95.

［4］陈柱．金融专业一体化实践教学体系构建与实施［J］．内蒙古财经大学学报，2017（6）：89－92.

［5］王俊籽．高校金融学科创新型实验教学体系研究［J］．现代教育，2017（5）：46－48.

15　复合型人才培养背景下的金融学专业实验课程建设探析

汪若君　干斯祺*

摘要：随着金融领域创新的不断发展，金融学和其他学科的交叉越来越深入。在新文科建设的背景下，复合型人才的培养越来越受到重视，而实验课程在课程设置、教学设备及人才储备等方面都存在较多不足。因此，本文就复合型人才培养背景下，提高实验课程教学质量进行了探讨。

关键词：复合型人才；实验课程；教学改革

创新能力是高校教育的核心指标之一，而近年来，许多新思想、新观念和新成果源于学科的交叉和渗透。在高等教育领域，无论是新文科建设提上日程，还是复合型人才在经管类人才就业市场上巨大的需求量，都对高等教育如何培养出具有复合背景的专业经管类人才提出了更高要求。然而，很多复合背景人才是通过跨专业深造来完成的，在传统的金融类专业本科生教育阶段内，如何实现混合式背景人才的培养就成了一个亟待解决的问题。一些高校已经走在前列，通过开设跨学科专业等方法来构建学生的复合背景，增强学生在就业市场上的竞争力，但是很多跨学科教育停留在基础课程的讲授方面，而实验课程依然欠缺。因此，从金融学类就业人才市场的变化角度出发，研究实验课程的设置，帮助学生在学好理论知识的基础上，提高应用能力，对于地方应用型高校提升人才培养质量具有重要意义。

一、复合型人才培养背景下金融专业实验课程改革的必要性

（一）新文科建设对于跨学科复合型人才的培养更加重视

2019 年 5 月，教育部等 12 部委启动“六卓越一拔尖”计划 2.0 工程，开始全面推

---

* 汪若君，经济学博士，上海立信会计金融学院讲师。研究方向：金融监管、地方政府债务。干斯祺，上海立信会计金融学院 2017 级金融学（合规与反洗钱方向）国际班学生。

进“新工科”“新医科”“新农科”“新文科”建设。这其中的“新文科”就是把新技术融入传统文科进行学科重组，培养跨学科综合性人才。传统的金融类学科在课程体系的设置中更加偏向培养专业的金融人才，课程设置上围绕着财经人才建设展开，偏向财经类，课程设置较为单一。目前，很多高校已经在课程设置上进行探索，增加了一些技术类理论课程的设置，但是在实验课程方面还没有形成成熟的新文科实验课程体系，这将制约高校金融学类新文科的建设。

（二）复合型人才的就业面更广

从就业端来讲，金融科技近年来蓬勃发展，一方面，其代替了一部分低端的金融就业岗位，甚至以往一些较为高端的金融岗位，如风控、交易、研究岗位都不同程度上被人工智能等计算机功能所替代；另一方面，金融领域的科技变革也提高了对“金融＋计算机”的复合型人才的需求。同时，很多传统岗位也更加倾向于招收复合教育背景的高校毕业生。在此背景之下，如果坚守传统的金融学教学模式，将不利于高素质金融人才的培养，同时也会降低学生报考传统金融类专业的积极性。

（三）学生对于交叉学科有较高的学习积极性

近年来，随着互联网信息获取渠道的不断便利，学生对于很多金融科技前沿有一定的了解，虽然不能掌握计算机的相关知识，但是对于计算机未来在金融领域的发展，多持肯定态度。从笔者和新生的交流来看，学生对于自己未来的规划，很多希望构建复合教育背景，对于学课交叉课程有一定的学习兴趣。而高校的经管类课程教学中却难以为学生打造有效的交叉学课学习平台，在一定程度上也限制了学生学习经管类学科的积极性，这从近年来经管类招生分数线的下降中就可以得到体现。只有改进金融学教学，紧跟金融发展的前沿，才能不断提升教学培养的水平。

（四）实验课程能够更好地提升跨学科人才培养质量

实验课程相对于理论课程，更容易操作，在课程的设置上适当地避开了较为艰深的理论知识，学生付出一定的工作量后，能较为明显地看到学习水平的提升。同时，受制于金融企业的保密性等原则，跨学科的实习岗位并不多，学校通过在校内搭建跨学科实验平台，能够很好地让学生接触金融实操领域的知识，既能够帮助学生理解金融专业理论知识，也能提升学生的就业水平。

二、金融学专业实验课程中存在的问题

（一）实验课程设置内容较为陈旧

金融领域是一个不断发展变化的领域，尤其是对于身处上海的高校，这一挑战就更加严峻。上海作为国际金融中心，金融领域的创新紧跟世界步伐，而上海本地高校毕业生有相当一部分希望留在上海就业，这就给高校金融学科实验课程的设置带来很大挑战。金融学的交叉学科研究方向有金融和生物学、与心理学交叉的行为金融学，还有金融学和计算机交叉及金融和法学交叉等。目前，在实验课程的设置上，行为金融学、法学的实验课基本处于空白状态，而在计算机领域的一些实验课也存在实验设备落后、课程设置和金融实务领域有较大差距的现象。

（二）理论知识储备不足

在金融领域应用比较广泛的一些计算机软件，如 Python，Matlab 和 R 语言等，在学习中需要一定的计算机编程基础知识，而原有的计算机理论教育基础不足以支撑起这类实验课程的学习。同时，学生由于理论知识储备不足，容易产生畏难情绪，更加不利于专业知识的掌握。此外，计算机相关技术的学习需要具备较高的数学水平，部分高校在经管类本科生的数理知识教学中不断提高要求，而对一些应用类本科生的数理知识要求还比较低，如果片面提升实验课程的学习难度，会使教学效果打折扣。此外，法学或心理学的相关理论课程，或是作为选修课，或是培养方案中并没有此类课程，导致无法引入此类学科实验。

（三）实验设备陈旧

经管类高校由于经费等问题，实验室的建设难以支撑复合人才培养的教学要求。金融类实验室硬件设施的数量和质量、软件的更新等都比较落后，网络掉线、系统故障等问题频发，学生的使用体验感较差。实验软件和实验数据库都明显落后于行业的常用软件和数据库，造成实验场景和实际的金融类企业工作环境存在着很大的差距，降低了实验课程的教学效率，造成了学时的浪费，无法提升学生在就业市场上的竞争力。同时，实验室位置较为紧张，课后实验平台不对学生开放，限制了学生的学习效果。此外，还有一些交叉学科实验室的建设需要投入过多，例如，行为金融学中有部分和生物相关的实验，就难以在经管类大学内建设，对此可以探讨其他的实现机制。

（四）人才储备不足

复合背景下的人才培养需要复合型教师队伍。传统的金融学实验课程大多是由校内教师兼任，而金融学的交叉课程是一个较新的命题，传统的授课教师本身没有受过相关的专业训练，这使得教授实验课程的教师知识储备单一，学术视野不够宽阔，教学效果得不到保障。复合型人才培养背景下的实验课程需要具有理工科背景或其他文科背景的教师参与，但非金融类专业背景的教师对金融背景知识可能又不够熟悉，难以讲好金融故事。在现有的师资力量中，具有复合背景的教师是比较稀缺的，而单一背景的教师之间也缺乏交流机制，因此复合型人才培养背景下的金融学专业实验课程的师资力量较为薄弱，建设一流的金融学专业实验课程的师资团队仍具有一定的难度。

三、复合型人才培养背景下的金融学专业实验课程建设改革思路

（一）增强学科基础课程建设

交叉学科的人才培养中，需要做好实验课程的先修课程教学，在教学大纲中应该配备交叉学科专业基础课的课程，如计算机原理、心理学或者法学类专业课程，目前很多高校财经类课程受制于学校的性质及师资力量的限制，难以提供充足的跨专业基础课学习。此外，数学类和计算机类知识学习难度较高，在一定程度上会限制学生的学习热情，但是在目前终身学习的背景下，坚实的基础知识学习对学生后续交叉学科的学习及未来的职业发展都是大有裨益的，因此在教学上可以提高教学难度，但同时需要增加课时，以适应财经类专业学生的学习能力。

（二）更新课程的教学内容

由于金融类现有的实验课程教材内容较为陈旧，落后于金融学学科的发展，因此有必要对现有的实验课程进行梳理，对陈旧的实验内容进行删减或精简，增加前沿学科内容，如微观经济学实验，或者和金融学实务相关的实验课程。一些传统的理论课也可以在实验室完成教学，通过理论知识和教学软件的结合，帮助学生抓住学科的前沿动态，同时能够在传统的金融学教学基础上进行拔高，提升教学效果。另外，需要考虑金融学和其他学科的交叉，添加或补充与计算机、法学和心理学等学科知识相结合的综合性实验和创新型实验的教学内容，在教学大纲的设计上要注意和专业课的内容相衔接，但是在教学内容的设计上要注意避开过于艰深的理论基础知识的知识点，避免学生出现学习困难的情况，不利于教学过程顺畅地完成。

（三）加大实验课程在培养计划中的比重

目前，金融学类的教学课程在教学中的比重较低，在教学大纲的设计中，理论课程占据的学分较多，而从学生的反馈来看，理论课程存在教学内容重复的问题，在后续的教学培养方案设计中，可以考虑重新梳理各门专业课程的教学大纲，调整理论课程的结构，减少部分课程的课时，减少重复知识点的讲授，将节省下来的课时投入交叉学科实验课程的学习中，从而节省学生的无效学习实践，并且能够通过实验课课程的增加，来提高学生的实践能力，并促进对理论知识的消化和理解。

（四）建立共享实验平台促进学科交融

在复合型人才培养的背景之下，高校在交叉学科的实验室建设中，某些课程建设可能需要购买一些大型设备，这类设备购买成本较高，如果不同部门、不同学科重复建设将会不利于经费的高效利用，例如，大数据处理所需的计算机设备或者软件，以及行为金融学实验室的生理监测系统等，通过建立共享实验平台，可以提升这类实验室的使用效率。同时，高校的实验室需要为学生提升实践能力提供保障，通过共享实验平台的搭建，让学生在课余、节假日等时间通过提前预约的方式，自由进入实验室进行实验操作，同时也可根据学生个人兴趣允许他们选择一些相关实验进行操作，从而增加实践机会，培养学生发现问题、分析问题和解决问题的能力以及创新能力。

（五）改进实验课程评价机制

传统的实验课程考核较为简单，学生学习压力并不大，学习积极性也不高，同时，由于课后使用实验室较为麻烦，很多同学也缺乏课后练习的机会，导致学生对实验课并不重视，大量的精力还是放在传统理论课程的学习上。传统的金融学学习都是在实验室以外完成的，和理工科学生不同，金融学专业学生并不是非常依赖实验室，然而，近年来金融学发展迅速，和其他学科交叉融合，要求学生有较高的实际操作能力，因此传统的金融学学习模式和金融学未来的发展趋势是相背离的，需要通过实验课程的设置来提升学生对实验课程的学习积极性，转变金融学学习的传统观念。在课程的考核上，需要增加过程考核的比重，调动学生的学习积极性，同时要增加考核难度，促进学生真正掌握实验课程的具体操作，达到能够独立、高质量地完成金融交叉学科实验的教学目标。

（六）发挥现有师资力量优势

目前，实验课程的教学主要还是由校内的专职教师兼任，而专职教师多为从学校到学校，缺乏实务领域的操作经验，更加缺乏交叉学科的学习精力，具有复合教育背景的教师是较为稀缺的，这种稀缺的现状也难以迅速改变，因此，提升校内现有实验课程教师的交叉学科授课能力就是一个可行的方法。通过鼓励不同教育背景的教师之间的交流合作，给实验课程教师提供交叉学科的学习深造和培训的机会，可以提升教师的教学能力。通过构建教师教学团队，开发实验课程，构建复合型人才培养的教学培养模式，有利于形成高校自身的办学特色。

参考文献：

[1] 洪铁松，奚欢. 本科生金融工程实验教学内容框架设计探讨［J］. 高教学刊，2015（21）：226－227.

[2] 洪振木，黄丽丽. 金融 MATLAB 实验教学模式的探讨［J］. 科技视界，2017（1）：76－102.

[3] 黄璐，倪兴兴，薛松超，韩忠奇. 数字金融背景下的金融工程专业实验教学探索与实践［J］. 实验技术与管理，2020（12）：189－198.

[4] 刘虎，王勤，冯建刚. “新文科”背景下高校重塑文科实验教学体系的思考与探索［J］. 实验技术与管理，2020（9）：270－273.

[5] 彭岚，兰璞. 新文科背景下地方高校经管类实验中心高质量发展研究［J］. 西昌学院学报（社会科学版），2020（9）：102－105.

[6] 王俊籽. 高校金融学科创新型实验教学体系研究［J］. 现代教育，2017（5）：46－48.

[7] 邢钰. 金融科技背景下金融学专业实验课程教学研究［J］. 贵阳学院学报（自然科学版），2020（12）：92－94.

[8] 许士春，高畅. 经管类本科创新型复合人才培养模式研究［J］. 教育教学论坛，2018（2）：181－183.

[9] 张希君，叶敏，季国民. 从培养跨学科应用型人才趋势看“新文科”建设——以经管类专业为例［J］. 辽宁经济，2019（10）：49－51.

[10] 周广澜，费玉莲，潘思蔚，丁玲玲. 高校复合创新人才知识模型和培养模式设计［J］. 高教学刊，2021（4）：44－52.

[11] 周连景，李秀珍，肖雯. 基于学科交叉的实验平台建设探讨［J］. 实验技术与管理，2018（2）：137－140.

16 实验课程的情景式深度学习模式研究

——基于金融投资实务课程的设计研究

韩 云 胡秋恒*

摘要：实验课程是教师以学生为中心，利用能动的、交互的方式，依托实验平台等进行的实践育人，是高等教育实践教学重要构成部分。本文基于实验课程以为人民服务、实践育人为核心思想构建实验目的，围绕金融投资实务实验课实践，利用螺旋式的知识生成与实验课构建实验基础体现实验课程教学社会化、表征化、内在化和联结化，构建出情景式深度学习实验情境管理和专项实验项目分层级过程管理评价体系，为金融类实验课程的改革等提供了一定的经验证据。

关键词：实验课程；教学改革；情景式深度学习；金融

实验课程是高等教育重要的实践教学构成部分，通过实践育人培养具有专业领域的人才。实验课程的实践育人涉及教育的本质问题，即培养什么样的人，如何培养学生的人生质量和价值趋向形成。知识的学习需要通过实验环节进行现实的感受，通过对于相关知识的实践获得创新的思想，养成专业操作技能。实验课程是学生专业课程学习与成长发展的重要基础，专业知识验证、操作和创新等，有利于学生社会主义核心价值观和就业能力等的形成，也是学生从专业实践中获得社会性体验的重要方式。实验教学可以通过培养学生观察记录和动手操作，让学生获得科学思辨、独立解决问题能力的提升，并通过加深知识、验证专业知识、提升考试技能等，促使学生贴近科学的真实性，通过专业兴趣培养创新发现和开拓新理论。

金融投资实务课程是一门实务性质的课程，着重培养学生的应用、分析和创造力，这与实验课程实践育人内涵一致。同时，本门课程还需要运用金融分析软件、投资模拟

---

* 韩云，女，上海立信会计金融学院，讲师，经济学博士。胡秋恒，男，上海立信会计金融学院，金融学院本科生在读。

本文获得2019年上海高校青年教师培养资助计划“优青项目”（ZZLX19029）资助。

操作系统、在线课程等资源工具，为深度学习提供了较好的条件和环境。因此，运用情景式深入学习进行专业实验，是金融投资实务课程较好的教学模式变革，将给教育理念、学习方式、学习过程与学习结果等带来全新改变。学生可以通过实验课程掌握金融投资分析软件最基本的操作方法，进而通过深度学习实验和模拟仿真，尝试设计自主投资实验模型。

一、以为人民服务、实践育人为核心思想构建实验目的

实验课程的实践育人是教师利用能动的、交互的方式，以学生为中心，依托实验平台等进行育人。实验课程本质上是专业知识的进一步深化，是对专业知识进行深入认知和操作检验的重要方式，是学生进行专业学习和获得实操能力的重要专业基础课和知识来源。学生可以在实践育人中根据对知识的体会等发现的世界观、人生观和价值观，以及根据实践重新构建知识体系的丰富程度，创新思维方式。现代教育观的核心是为人民服务，实验课程所教授出来的知识和价值观体系也是和为祖国建设、集体主义价值观等相契合的，从而真正培养出社会主义建设者和社会主义接班人。

金融投资实务课程属于专业实践基础课，充分彰显了实践知识的属性和构成。实践知识是知识类型的一种，是从认识层面到实践层面进行价值塑形与转化的经验集合，具有从抽象理论到具体实践的操作性，学生需要根据金融投资分析理论完成自我设计和操作，并不断修改和完善。这符合了实践知识由普遍到特殊，再从抽象到具体的特点，具备充分的实践育人属性。实践育人是本门课程教授与学习的重要指导思想，通过课程实验设计和教学，实现知识重构和新生。实验课程可以从知识、教学与学习三个方面进行为人民服务的实践育人设计，教师通过知识拆解教学，通过实验引导学生学习知识，并重构知识。

在专业思政方面，金融投资实务以为人民服务为价值取向进行育人培养，具备专业思政教育较好的设计思想体系。金融作为国家经济系统的血液，具有无可比拟的重要性。金融投资是促成金融系统良性循环、引导资源最优化配置的重要工具。在金融投资历史上，不仅存在香港金融危机保卫战等历史事件，还存在全球贸易冲突中资本市场的表现、科创板等金融创新促进实体经济发展等元素，这为爱国主义教育和职业教育提供了大量素材。通过这些历史案例和最新行情分析，大学生能基于爱国主义的角度对金融投资进行深度学习，为将来工作中的原则性表现奠定坚实的基础。同时，金融投资实务可以挖掘的思政教学思想还包括引导学生建立金融创新服务实体经济的社会责任价值观培养，根据风险意识与法治底线促使学生具备风险意识、法律意识和职业素养。金融投

资以不确定性的风险为主要特征，充满了各种诱惑和风险。在本门课程中，有康美药业财务造假、私募大佬操作市场等众多案例，可以由此嵌入课程教学，使学生养成良好的法治观念和风险意识。需要注意的是，金融投资实务课的专业思政教育应重点培养大学生作为青年人的社会主义核心价值观，从历史投资事件和最新时事投资中帮助学生塑造富强、民主、文明、和谐的国家层面的价值目标，培养学生对于自由、平等、公正、法治的公民个人层面价值准则的向往和坚守。

二、螺旋式的知识生成与实验课构建实验基础

为了在实验课程中实现实践育人中知识的拆解、教学、学习与重构，并通过知识的社会化、表征化、联结化、内在化四个特征，将学生个体学习与社会实践联结起来，验证学生实践主体、教师客体及实验平台之间的沟通与交互作用。这种过程为知识创生螺旋（SECI）（周洪宇和胡佳新，2018），具体如图 16 - 1 所示。

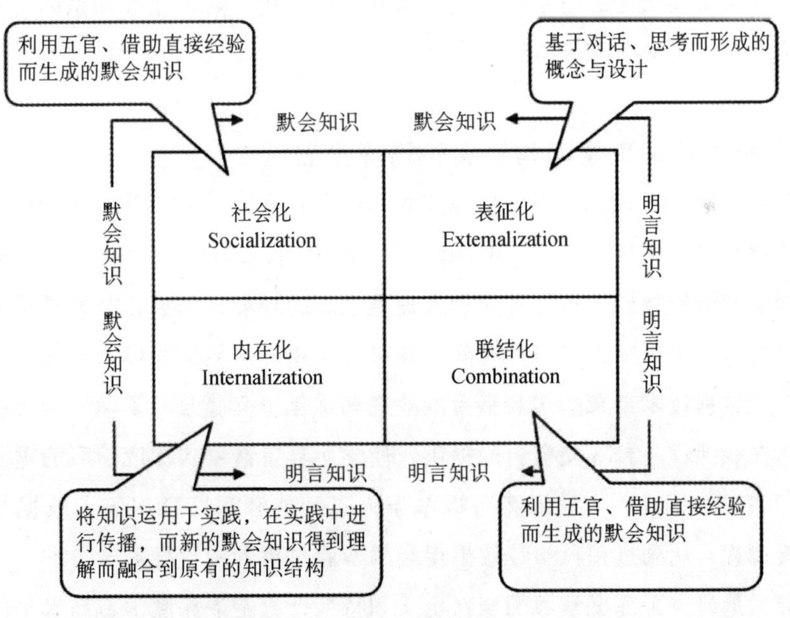

图 16 - 1　知识创生螺旋（SECI）

由图 16 - 1 所示，社会化和联结化需要通过五官、借助直接经验生成默会知识，表征化则基于对话、思考形成概念与设计，内在化将知识运用于实践，在实践中进行传播，而新的默会知识得到理解而融合原有的知识结构。实验课程的设计基础需要基于实践育人的知识创生螺旋体系（SECI），通过这种不断地螺旋式上升和创造，使学生通过实验实践获得专业技能和价值观塑造等。需要注意的是，课程设计需要基于学生已有的

基础和已学习课程，以及基于金融投资分析知识体系的经验构建实验基础，需要合理地进行知识的建构和联结，融入社会发展趋势和需求认可，使隐性知识和显性操作实践知识都可以通过合适的传播和体验渠道获得。实验课程的设计还需要考虑学生的需求目标，使学生可以基于兴趣和工作实习需求等获得实验兴趣和内在驱动力，提高学习效率。SECI 的过程中需要考虑实验课程设计中学生的感官、对话、思考与行动，将社会化、表征化、内在化和联结化表现出来。

金融投资实务课程的理论知识部分包括基础分析与技术分析，涵盖宏微观经济学、金融学、投资学、证券投资学、金融投资分析等众多预备知识，因此是否具有扎实的预备知识是本门实验课程能否达到预期效果的重要基础。课程设计中可以注重对学生基础理论知识的融会贯通，不仅要将金融投资分析知识做实践性的案例式教学，更要注意打通学生知识的连接性，使学生从之前的知识认知转换到更高层次的实践需求。例如，新型冠状病毒的全球流行在各个阶段对于全球经济、中国经济的影响，再由哪些渠道转入对投资渠道的影响，进一步思考短期和长期影响的分析逻辑，并由此确定投资策略和进行交易操作。学生在操作的过程中，进一步获得内在化、联结化等知识的升华，完成知识创生螺旋（SECI）的不断创造。

三、以情景式深度学习构建实验情境管理

现在的社会是信息化、人工智能的时代（顾明远，2018），必将影响实验课程的教育重构。信息智能的技术为各行各业的人提供了新的环境，例如，金融投资分析可以利用智能投研技术，大大缩短了研究时间，并可以利用海量数据和模型构建进行决策和比较。同时，大数据技术带来的实验平台的改进和优化也彻底改变了学生的实验效果和基础，还包括在线课程平台实验资料的提供，使学生具备情景式深度学习的重要技术手段（张春兰，2015）。因此，实验课程可以基于人工智能和深度学习等大数据技术和思想等设计实验过程，达到过程科学、效果得当的实验过程管理目标。

学者们大量研究了深度学习的全新定义和特征，肯定了深度学习高水平的自主认知属性（Biggs，1979）、体现理解力和批判式思维精神（Beattie et al.，1997）、思想联系和知识迁移（何玲和黎加厚，2005；景红娜等，2011）、培养创造能力解决实际问题等含义（张治勇和李国庆，2013；卜彩丽等，2016）等。何克抗（2018）认为分类理论分为认知、情感和动作技能，其中认知中的应用、分析、评价及创造均属于较高级别的深层认知，符合深度学习特征。综合而言，情景式深度学习模式可以实现个体将学习的知识从一种情境应用到另一种情境，并通过现代信息智能技术将学生的高层次认知激发

出来，在每一个实验步骤中得以体现。

实验课程的情景式设计可以基于实践育人的情境性原理，以学生为主体，和教师一起共建实验情境，两者的角色可以根据实验过程的安排相辅相成，形成学习共同体。这种学习共同体可以通过实验任务的设计，让教师和学生的实验目标相互融合，让学生可以在模拟的实验过程中，切身体会到作为一名专业的职业从业者的角色，可以全面、真实、投入地进行实验。实验情景的设计和实验软件平台的选择、实验项目过程的设计和考核的标准密切相关。对于金融投资实务课程而言，理论和实践技巧的过程设置主要包括基础理论、基础分析技能讲解、专项实验项目分层级过程操作、翻转课堂角色互换主题式活动。同时，学生还需要在指定的实验平台完成一个学期的金融产品虚拟交易操作，这使课堂情景式深度学习的外延得到自然的拓展，学生需要在课堂之外继续关注金融投资行情，使实验课程打造的情景式深度学习情境具有较好的维持状态。

在案例情景式深度学习方面，金融投资实务课程可以结合众多的国内外时事进行教学。例如，在分析新型冠状病毒的影响对于全球经济的影响中，教师可以通过宏观分析基本方法，教授学生利用沉浸式历史分析方法帮助学生建立分析框架，结合中国 A 股大事记、非典案例复盘、全球黑天鹅传染案例研究等，让学生利用案例模拟操作达到情景式深度学习目标。

在数据金融情景式深度学习方面，金融投资实务课程可以完美结合最新的技术和工具进行教学设计。例如，在构建投资组合时，实验结合了大数据金融框架下智能投研的设计思想和操作。智能投研是大数据等新技术推动资产管理行业发展的重要生产工具，可以极大地提高分析人员的生产力，减少行业信息不对称性，促进新的智能投研产品和产业链条的出现，塑造本地金融机构成为智能投研技术龙头。实验中利用目前国内萝卜投研、同花顺等第三方数据应用商跟随国际智能投研技术和思想，构建的人工智能和大数据技术加快智能科技布局的智能投研平台，对于多因子选股模型进行了实验。同时，学生在项目实验中，还要求根据指导自行设计选股模型，构建投资组合，实现了内生化的深度学习目标，不仅能够和最新的大数据金融技术连接，更让学生学会了如何独立完成金融投资组合的构建。

四、构建专项实验项目分层级过程管理评价体系

专项实验项目分层级过程操作以过程性管理原理作为指导思想，设计实验教与学中翻转课堂角色互换主题式、虚拟交易过程管理、专项实验过程管理等。实验课程的评价机制不同于其他课程，如果仅按照考试结果等评价学生实验效果，将无法真正提升学生

的实践操作能力，完成实践育人管理。实验课程评价体系的设计可以根据教学目标，围绕学生发现问题、解决问题的项目式学习法，通过专项实验项目分层级过程管理，实现学生实践能力的真正提高。因此，这样的评价体系是多目标、持续性的发展过程，学生按照设计一步步完成实验过程，即可得到相应的评价积分机制。这就较好地解决了教育“去过程化”带来的偏差，使学生的实验状态可以一直在过程中得到体现。

金融投资实务课程的专项实验项目分层级过程管理评价体系以金融投资分析实验为主导，围绕贯穿全程的仿真式虚拟交易，分设宏观分析实验、行业价值分析实验、公司财务分析、估值分析、交易操作策略实验等。学生根据专项实验开启小组式翻转课堂学习操作与汇报。评价分数将包括虚拟交易收益率、专项实验过程评分和报告评分、翻转课堂现场评价、互动积分等。由此，本课程专项实验项目分层级过程管理评价体系将给予学生持续性的情景式深度学习驱动力和目标，使学生在实验过程中真正提升实践能力，获得专业知识的创生。

参考文献：

［1］Beattie，V.，et al. Deep and Surface Learning：A Simple or Simplistic Dichotomy?［J］. Accounting Education，1997（6）.

［2］Biggs，J. B.. Individual Differences in the Study Process and the Quality of Learning Outcomes［J］. Higher Education，1979（8）.

［3］卜彩丽等. 深度学习的概念、策略、效果及其启示——美国深度学习项目（SDL）的解读与分析［J］. 远程教育杂志，2016（5）.

［4］顾明远. 再论教育本质和教育价值观——纪念改革开放40周年［J］. 教育研究，2018（5）.

［5］何玲，黎加厚. 促进学生深度学习［J］. 现代教学，2005（5）.

［6］景红娜等. 基于Moodle的深层学习研究［J］. 远程教育杂志，2011（6）.

［7］张治勇，李国庆. 学习性评价：深度学习的有效路［J］. 现代远距离教育，2013（1）.

［8］张春兰，李子运. 创客空间支持的深度学习设计［J］. 现代教育技术，2015（1）.

［9］周洪宇，胡佳新. 知识视域下的实践育人及其意义向度［J］. 教育研究，2018（8）.

17　量化交易策略开发平台在智能投顾实验教学中的应用

刘　萍*

摘要： 量化交易策略，对于智能投顾而言，其主流性和趋势性愈发突出。在高校的智能投顾课程实践中，很有必要让学生自己动手去学习开发智能量化交易策略。然而，对于高校的智能投顾培育项目而言，如果专门去开发自己的数据库及量化交易策略平台，成本非常高，而且也并不一定是最有效的。可以考虑使用市场上公开的量化交易策略开发平台，指导学生在平台上使用大数据，开发自己的量化交易策略。对学生而言，可以第一时间培养自己的编程能力、运用大数据的能力。本文重点介绍了几个市场上公开的量化交易策略开发平台，对平台的使用和特点做了具体介绍。

关键词： 量化交易策略；智能投顾；人工智能量化交易平台

一、引言

2020 年，教育部公布全国 137 所普通高校成功申报“数据科学与大数据技术”本科专业。2019 年，全国 203 所普通高校成功申报“数据科学与大数据技术”本科专业；2018 年，全国 250 所普通高校成功申报“数据科学与大数据技术”本科专业。2015—2019 年，全国 612 所高校成功申报“数据科学与大数据技术”本科专业。

事实上，对于应用型高校而言，其他很多非“数据科学与大数据技术”的本科专业，如应用经济学、金融学等，大数据应用贯穿整个学习过程的必要性也愈加凸显。构建应用大数据的人才培养体系的需求日益迫切。相应地，高校智能投顾培育项目，也正是对大数据应用于投资领域的教学实践（李明，2020）。量化投资是指通过数量化模型

---

* 刘萍，上海立信会计金融学院教师，博士，研究方向：金融风险，宏观经济。

建立科学投资体系，以获取稳定收益。量化投资在海外的发展已有30多年的历史，市场规模和份额不断扩大，得到了越来越多投资者认可。在国内，量化投资近年来也得到了迅猛的发展（董珊珊和余澳，2021）。金融与科技有效结合，利用前沿技术，如大数据分析、量化金融模型及智能化算法，针对投资者不同的风险承受水平、预期理财目标及投资风格偏好，提供可以和专业投资管理专家媲美的投资顾问服务，智能投顾就这样应运而生。

量化交易策略，对于智能投顾而言，其主流性和趋势性愈发突出。尽管市场上也有不少智能投顾产品，如京东智投（汪雨建，2020）、民众投顾和理财魔方（鞶楚，2020）等，此外国内一些商业银行也陆续提供了智能投顾产品，但这些是平台直接以“兜售”投资策略为盈利模式的，不利于学生在智能投顾课程中的学习实践。如果学生不能了解或掌握智能量化交易的逻辑和开发过程，对于其究竟该选择哪一种智投策略，也是没有头绪的。

因此，很有必要让学生自己动手去学习开发智能量化交易策略。然而，对于高校的智能投顾培育项目而言，如果专门去开发自己的数据库及量化交易策略平台，成本非常高，而且也并不一定是最有效的。

事实上，市场已经有不少已经成形的量化交易策略开发平台，其中有些也是提供免费的数据服务及量化交易策略开发环境。在高校智能投顾课程的教学实践中，可以考虑使用这些公开的平台，指导学生在平台上使用大数据，开发自己的量化交易策略。对学生而言，可以第一时间培养自己的编程能力、运用大数据的能力。本文将重点介绍几个市场上公开的量化交易策略开发平台的使用和特点。

二、JoinQuant（聚宽）量化交易策略平台

JoinQuant量化交易平台是免费提供高质量的金融数据，以及基于python语言的量化交易策略编写平台。同时，平台提供策略回测功能，还可以对编写好的量化交易策略进行模拟实盘，跟踪策略收益率。此外，平台也提供量化交流社区，在社区可以查找相关问题的答案，也可以发起提问，或参考他人分享的策略代码。

（一）数据服务

JoinQuant提供2005年至今完整的Level1数据和上市公司财务数据，包含完整的停牌、复权等信息。行情数据实时更新，财务数据等盘后及时更新。JoinQuant的数据在平台上使用时是免费的，如需本地下载数据，则需收费。JoinQuant提供所有A股上市

公司2005年以来的股票行情数据、市值数据、财务数据、上市公司基本信息、融资融券信息等。为了避免幸存者偏差，也包括了已经退市的股票数据（但是不包含2005年之前退市的股票）。

基金数据方面，平台目前提供了600多种在交易所上市的基金的行情、净值等数据，包含ETF、LOF、分级A/B基金以及货币基金的完整行情、净值数据等；也提供中金所推出的所有金融期货产品的行情数据，并包含历史产品的数据。此外，股票平台也支持近600种股票指数数据，包括指数的行情数据及成分股数据。为了避免未来函数，平台支持获取历史任意时刻的指数成分股信息，get_index_stocks和get_index_weights代码可以用于在平台获取股票指数信息，get_industry_stocks代码按行业、按板块获取数据，get_concept_stocks代码可以按概念板块获取数据。

（二）量化交易策略开发环境

JoinQuant平台免费提供基于IPython Notebook的研究平台，提供天、分钟、Tick级数据，采用Docker技术隔离，资源独立、安全性更高、性能更好，同步支持Python2、Python3。在平台上，初学者也可以很快上手，编写一个最简单的策略。例如，可以从社区"克隆"一个感兴趣的策略，然后在此基础上不断调整和优化代码，在策略编译环境里面不断回测（支持每日、分钟、Tick三级回测，提供简洁、强大的API，回测结果实时显示、快速响应、数据全面），直至达到理想的回测收益率。最后，可以模拟运行优化后的策略，并且可以申请到策略商城。

优质的量化交易开发策略可以在策略商城被订阅而盈利。平台的策略商城通过https传输、加密存储、沙箱保护来保障策略的信息安全，除了开发者本人，任何人无法获取策略代码信息。图17-1是一个具体的策略编写及运行结果的展示，该策略在回测区间，显著跑赢了基准收益率，也就是"大盘"。

三、BigQuant人工智能量化交易策略平台

BigQuant是宽邦科技①于2016年研发的全国首款人工智能量化平台，入选工信部AIIA中国人工智能TOP 100案例，被多家头部机构采用②。

---

① 宽邦科技是领先的人工智能平台和服务供应商，核心团队来自微软亚洲研究院，毕业于北大、清华等知名高校，2016年成立。

② 2017年底，宽邦科技再次率先推出全栈人工智能平台BigAI，用人工智能赋能企业，帮助企业快速实现人工智能升级，以实现更大的商业价值。

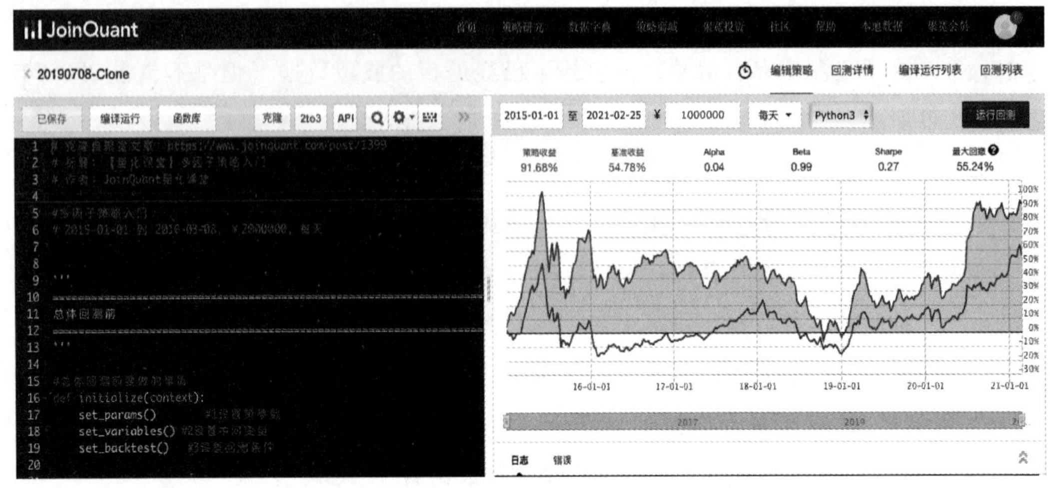

图 17－1　JoinQuant 量化交易策略开发环境

BigQuant 人工智能投资平台目前 90% 以上策略均为人工智能驱动的量化投资策略。BigQuant 可以提供交易策略的编写、基于平台导入的数据进行回测，量化策略每天还可以发出信号，可以根据信号的提示进行交易操作。对于智能量化策略的编写，平台提供免费的交易策略源码，也提供智能模块，进行连线选择。还可以在平台申请实盘交易，实现量化自动化交易。此外，提供社区交流群，也提供学院配套的视频详细讲解（附代码）和专家 Meetup 答疑①。

（一）平台数据服务

BigQuant 人工智能量化交易平台提供的数据同样非常丰富，包括 A 股不同频率的行情数据、A 股财务报表数据、A 股估值分析数据，以及宏观数据、新型指数（搜索指数及社交指数）等。此外，BigQuant 平台提供了丰富的 A 股预计算因子或者说是基础因子，这对于量化交易策略开发的初学者而言，是很便捷的，因为可以直接使用这些基础因子，而不需要自己去写具体表达式。表 17－1 是从平台中选取的一些基础因子。

表 17－1　　BigQuant 平台可选用的部分基础因子

因子序号	因子构建方式	因子明细
alpha1	‘turn_0’,	当日换手率
alpha2	‘teturn_6’,	6 日收益率
alpha3	‘fs_roe_0’,	净资产收益率

① 每两周的周四 16：00，BigQuant 学院院长、AI 量化专家现身 BigQuant B 站直播间，在线答疑解惑。

续表

因子序号	因子构建方式	因子明细
alpha4	'fs_eps_0',	每股收益
alpha5	'fs_bps_0',	每股净资产
alpha6	'fs_roa_0',	总资产报酬率
alpha7	'return_20'	20 日收益率
alpha8	'rank_turn_0',	过去 1 个交易日的换手率排名
alpha9	'rank_turn_9',	过去 9 个交易日的换手率排名
alpha10	'ta_rsi_28_0',	RSI 技术指标
alpha11	'rank_pb_lf_0',	市净率升序百分比排名
alpha12	'fs_roa_ttm_0',	过去 1 年总资产报酬率
alpha13	'fs_roe_ttm_0',	过去 1 年净资产收益率
alpha14	'high_0/low_0',	当日最高价/当日最低价
alpha15	'fs_eps_yoy_0',	每股收益同比增长率
alpha16	'wq_41',	WorldQuant 第 41 个因子
alpha17	'gtja_110',	券商研报第 110 个因子
alpha18	'wq_101',	WorldQuant 第 101 个因子
alpha19	'turn_9',	9 天前的换手率
alpha20	'gtja_9',	券商研报第 9 个因子
alpha21	'turn_1',	昨天的换手率
alpha22	'fs_operating_revenue_yoy_0',	营业收入同比增长率
alpha23	'fs_operating_revenue_qoq_0',	营业收入环比增长率
alpha24	'fs_net_profit_margin_ttm_0',	过去 1 年销售净利率
alpha25	'fs_gross_profit_margin_ttm_0',	销售毛利率
alpha26	'rank_pe_lyr_0',	市盈率升序百分比排序

（二）量化交易策略开发环境

在 BigQuant 平台，编程语言也是基于 Python，并且可以采用机器学习算法来开发量化交易策略。具体地，可以采用 StockRanker 算法实现 A 股股票选股，StockRanker 算法专为选股量化而生，核心思想是排序学习和梯度提升树。这个模型由 20 棵决策树组成，每棵决策树最多有 30 个叶节点。给定一个样本，每个决策树会对样本打分（分数为样本根据判定条件到达的叶节点的值）；最后的分数是所有决策树打分的总和。决策树的结构、判定条件和叶节点的分数等（见图 17 -2）都是由算法在训练数据上学习出来

图 17－2 决策树模型

的。将测试集数据喂给训练好的决策树，则可得到测试集数据在该模型上的分数，再根据分数形成股票排序、回归、分类预测，指导后续的买入、卖出。具体的策略开发步骤如下：

1. AI 量化策略开发第一步：设置训练集、测试集数据范围；
2. AI 量化策略开发第二步：数据标注；
3. AI 量化策略开发第三步：找因子；
4. AI 量化策略开发第四步：数据连接 + 缺失数据处理；
5. AI 量化策略开发第五步：模型训练 + 股票预测；
6. AI 量化策略开发第六步：回测；
7. AI 量化策略开发第七步：查看、分析结果；
8. AI 量化策略开发第八步：模拟实盘。

此处，将展示作者本人在该平台基于可视化模块开发的一个量化交易策略表现，其中用到的是 StockRanker 算法中的“二分类”算法，选取了 8 个平台提供的因子，包括财务指标和技术面指标，并且设置了个性化的交易条件，针对 A 股市场进行选股和择时交易（见图 17－3）。如图 17－4 所示，回测区间是从 2015 年 1 月到 2021 年 2 月 4 日，收益率呈现出稳定增长的趋势，平均年化收益率达到 50% 以上，最大回撤 28.42%。当前这一策略在模拟实盘中表现也不错，跑赢了大盘，如图 17－5 所示，从 2021 年 2 月 5 日至今，累计收益率达到 7.44%，年化 510.40%，最大回撤 0.79%。

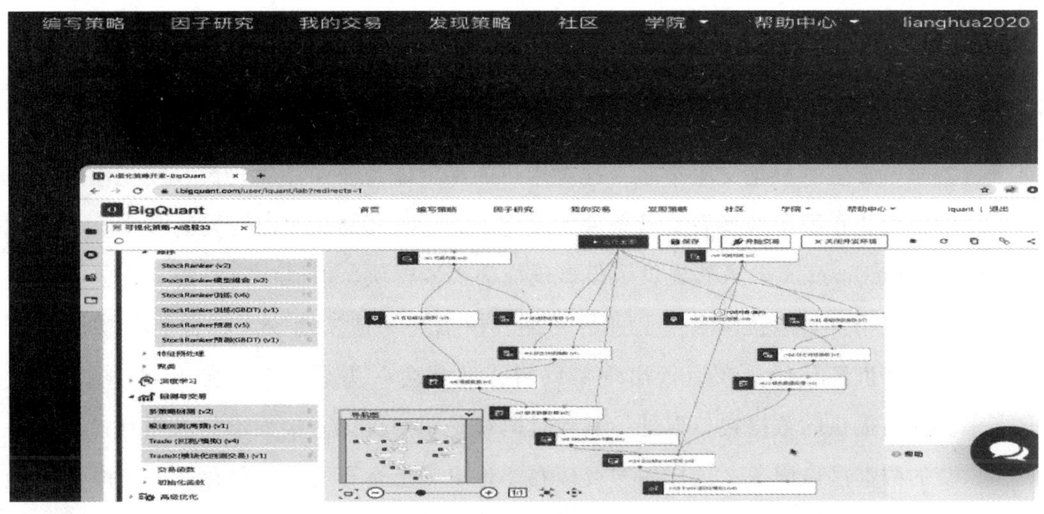

图 17－3　可视化量化交易策略开发环境示意图

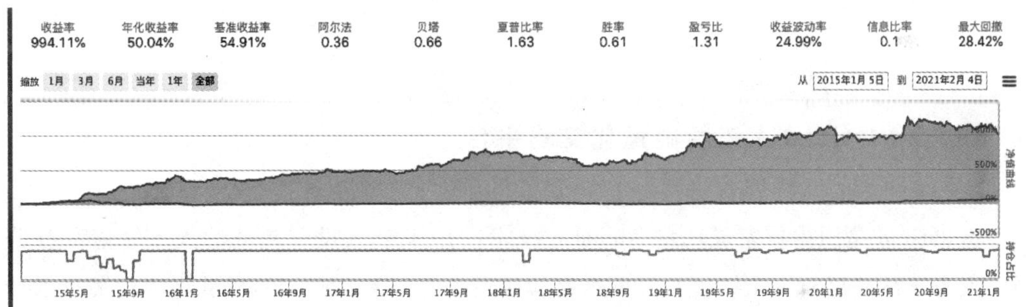

图 17－4　自开发的量化交易策略收益率表现

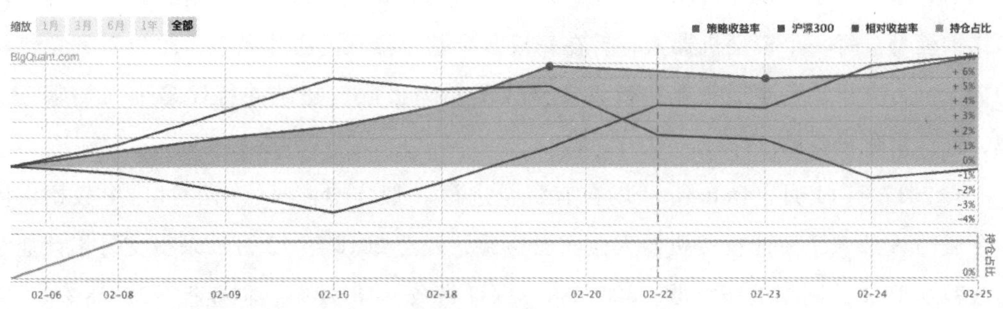

图 17－5　自开发的量化交易策略模拟实盘的收益率走势

（三）与 JoinQuant 量化交易平台的比较

在 JoinQuant 平台中，用户可以基于平台海量的数据进行策略编写，但是不提供人工智能模块，如果用户在平台进行量化交易策略开发的时候，想要运用机器学习算法，就需要完整地编写和调试大串的复杂代码，这对用户的编程能力要求较高。然而，在BigQuant平台，利用平台可视化量化交易策略模块，用户可以很快在此基础上开发一个基于机器学习算法的量化交易策略，这对用户的编程能力要求相对较低，使初学者能够将更多的精力花在因子选择及交易条件的设定上，大大提高了策略开发的效率。

然而，BigQuant平台虽然提供了很多现成的函数模块，但其中有些源代码是没有公开的，因此，用户只能在该平台上进行回测、模拟交易或实盘交易；并且对初学者而言，由于不知道源代码，在运行出现错误时，经常会一头雾水。而在JoinQuant平台，除了平台在线提供的数据接口以外，其他代码都是用户可以直接编辑的。而且，平台还提供付费的数据接口服务，这样用户可以在本地电脑上运行开发的量化交易策略。虽然这两个平台都提供模拟交易和策略商城的服务，但是在JoinQuant平台，用户的自主性更大，而在BigQuant平台，用户能更快上手，快速地开发一个基于机器学习算法的量化交易策略。

四、DeltaGrad人工智能量化交易平台

DeltaGrad是国内首家成功将AlphaGo技术应用于金融投资领域的人工智能科技公司，致力于从底层对人工智能神经网络结构进行设计开发。其创始成员为国内最早的计算机围棋冠军团队核心成员。

该平台现阶段专注于金融领域智能投资工具的优化应用。DeltaGrad自主设计训练的机器人基金经理实现纯自动化生产、运行。目前，DeltaGrad已经研发出10个神经网络结构模型。每一个模型机器人，旨在完成多个基金经理的工作角色，可以对股票市场的数据进行分析，并生成策略；旨在突破人类精力极限，超越并替代多个人类基金经理，进行量化投资的工作。

自2017年11月，DeltaGrad以自有资金进行A股实盘测试，对经过历史数据回测训练后的A股人工智能投资机器人做实盘检验，截至2018年12月，录得交易累计业绩为收益6.19%，同期上证指数-30.10%，深证指数-41.18%，创业板-38.58%。

DeltaGrad目前正在筹备搭建世界第一个供机器人自主进化的虚拟交易市场。它以庞大数据为核心，不依托人类现有市场交易数据，而是通过机器人交易自博弈来推演出更多交易数据，从而产生海量的交易数据，帮助机器实现更快的自主进化。每个DeltaGrad股票机器人能产生70万—120万的策略数，每个策略表示一种使用机器人预测能力的操盘方法，每一个策略对应一个回测过的风险收益数值。当前已经完成的10个机

器人，共能产生1000万以上的策略数，每天机器组合的调仓、增加备选股票，都依据这些策略数值进行。平均一年时间就可以推演出上海证券交易120万年交易数据。如果要让它拥有人类的头脑和思考，神经网络技术必然是人工智能智慧的重要技术工具，它可以通过大脑神经运作基本规律模拟出神经网络运算结构。

尽管目前DeltaGrad平台的服务还未正式公开，但一旦开放服务，这对于智能投顾教学实践改革而言，意义也是重大的，尤其当我们希望在教学实践中让学生学习和掌握最前沿的人工智能量化投资工具时。

五、结论

在高校智能投顾实践课程的教学改革中，积极使用市场上公开的量化交易策略开发平台，也进一步体现了产教融合。深化产教融合，是国家推动教育优先发展、人才引领发展、产业创新发展、经济高质量发展相互衔接贯通的战略性举措。《上海市建设产教融合型城市试点方案》以开展国家产教融合建设试点为契机，聚焦重点区域、重点产业和重点企业；以制度创新为根本；以规划引领为基础；以改革人才培养模式为核心；以搭建信息交流平台为依托；以重大项目和企业培育为抓手，深化高等教育改革，发挥企业重要主体作用，促进教育链、人才链与产业链、创新链全方位融合。

本文介绍的这市场上三大量化交易策略平台，都集中于大数据的应用，集中投资交易的智能化。尤其是JoinQuant和BigQuant平台，目前已经公开提供免费的数据服务及策略编译环境，可以方便学生在智能投顾课程学习过程中的实践。

参考文献：

[1] 董珊珊，余澳．我国智能投顾在传统财富管理中的应用探析［J］．今日财富，2021（2）：48－49.

[2] 康佳伦．国内商业银行智能投顾平台对比分析［J］．北京印刷学院学报，2020，28（9）：23－25.

[3] 鞶楚．2020智能投顾平台TOP50［J］．互联网周刊，2020（21）：62－63.

[4] 李明．基于大数据的智能投顾系统分析［J］．电子技术，2020，49（12）：32－33.

[5] 汪雨建．我国智能投顾业务发展研究和平台案例分析［J］．时代金融，2020（32）：125－127.

18　课程思政视域下的金融实验课程教学探究

黄绘雯*

摘要： 教育部印发的《高等学校课程思政建设指导纲要》提出，全面推进高校课程思政建设，发挥好每门课程的育人作用，提高高校人才培养质量。金融实验课程作为经管类实践课程，开展课程思政教学必要且可行。本文以上海立信会计金融学院金融实验课程教学为例，明确课程思政融入金融实验教学的目的和意义，探究金融实验课程思政教学的实施路径，强调实施中需处理好几组关系，以期在课程教学中落实立德树人根本任务。

关键词： 课程思政；金融实验课程；金融实验课程思政教学探究

从全国教育大会会议精神到中共中央、国务院印发的《关于加强和改进新形势下高校思想政治工作的意见》，再到教育部印发的《高校思想政治工作质量提升工程实施纲要》和《高等学校课程思政建设指导纲要》等相关文件，加强思想政治教育，落实全员全过程全方位育人，将思政元素贯穿于教育教学各环节，已成为当今高等教育事业发展的重中之重。随着课程思政建设在全国各高校、各院系、各学科全面铺开，财经类高校深入挖掘金融实验课程育人元素，推进课程思政建设势在必行。本文以笔者所在上海立信会计金融学院（以下简称“立信”）为例，在教学、调研的基础上，围绕基于课程思政开展金融实验教学的目的和意义，探讨金融实验课程与课程思政教学同向同行的实施路径，以及课程思政教学中值得注意的几个问题。

一、基于课程思政开展金融实验教学的目的和意义

习近平总书记在全国高校思想政治工作会议上的讲话和全国教育大会上的讲话，以

* 黄绘雯，女，上海立信会计金融学院教师，讲师，硕士，主要从事思想政治教育研究。

及关于教育的有关论述等重要讲话中，多次提出要重视高校思想政治工作，把立德树人作为中心环节，把思想价值引领贯穿于教育教学全过程，全面育人。高校课程思政深刻回答了“大学培养什么样的人、如何培养人以及为谁培养人”的命题，这是新时期高校育人育材的必然要求。我们通过在专业课程中发掘提炼思政元素，渗透社会主义核心价值观，进行理想信念和品行教育，促进专业课程学习与思想政治教育的融合，形成育人合力，从而充分发挥课程育人的功能。

（一）基于课程思政开展金融实验教学的意义

习近平总书记在关于金融的重要论述中强调，金融是现代经济的核心，是国家的核心竞争力，必须加强党对金融工作的领导。金融领域意识形态工作的重要性不言而喻，金融实验课程的思政教学势在必行。金融实验课属于财经类高校经济管理学科实践类课程，旨在为金融学方向的学生提供实操实训机会，提高其专业水平和职业技能，增强其自主创新能力和社会实践能力。该类应用型专业人才的培养，离不开正确的思想引领和价值引导。我们要通过合理利用学科专业资源和校本资源，深度挖掘实验实训中蕴含的思政元素，春风化雨般地对学生进行思想政治教育，润“社会主义核心价值观”于无声，推进专业课程与思想政治教育课同向同行，落实立德树人的使命。

（二）基于课程思政开展金融实验教学的目标

众所周知，金融业是经营金融商品的行业，包括银行业、保险业、信托业、证券业和租赁业，涉及众多领域，为社会各组织、各阶层服务。金融实验课程正是为上述行业培养专业人才。因此，金融实验教学推进课程思政建设，就是为了与思想政治教育不脱节，培养德才兼备的高素质金融人才。立信的金融实验课程，明确在进行专业知识和业务技能传授的同时，弘扬家国情怀和时代精神，增强学生的社会服务意识和自主创新能力，培育他们诚实守信的职业素养乃至经世济民的宏大抱负，服务于新时代的社会主义金融事业。

二、课程思政融入金融实验课程教学的实施路径

（一）发掘金融实验课程思政教学内容

金融实验课程属于金融专业必修课，通过金融模型、实验实训、社会实践等开展教育教学活动，践行学验并重的办学理念。实验课程本身的专业内容既有政治立场、唯物

史观、金融发展史观等显性育人因子，又有对学生素质提出的要求，诸如意志品质、道德操行、实践能力等隐性育人因子。这些思政因素都需要在教学中得到挖掘和拓展。与此同时，立信的校本文化也为金融实验课程提供了丰厚的育人资源。著名教育家、会计学家、“中国现代会计之父”潘序伦先生早在1928年创办立信教育事业，时代更迭，“立信”校训传承至今。历年来学校秉持的是“诚信、实用、开放”的办学理念，践行的是“立诚明德、经世致用”的大学精神。学校的金融学、投资学、金融工程、信用管理等知名专业所设置的实验课程，均受到了校园文化的充分浸润。课程注重专业知识与思政元素融汇融通，侧重用前沿理念和最新实务操作方法进行实践育人，以提高实验教学质量。

2019年9月，立信的金融学院被列为上海市高校课程思政改革领航学院。学院一贯秉承课程思政教学改革全覆盖的原则，持续推动金融实验课程思政教学的落地落实。以银行基本技能、商业银行柜面业务模拟实验、金融模拟综合实验、现代金融服务综合仿真实习、金融理财规划综合实验、金融投资实务、金融分析报告写作、信用模拟实验、模拟证券投资交易、金融计算软件应用、Stata社会经济统计分析、MATLAB与固定收益证券计算等为主的系列实验课程，正有计划、分阶段、有重点地施行思政教育“进教材、进课堂、进头脑”工作。

上述实验类课程蕴含丰富的思想政治教育资源，教学内容渗透着政治认同、文化素养、法治意识、道德修养、诚信意识等多种育人元素。实验课程人才培养方案突出社会经济、行业发展和新信息技术发展的需求，重视学生职业素养、实操能力和知识迁移能力的培养。以银行基本技能课为例，该课程以实务为导向，以银行柜员应具备的理论素养和业务能力为前提来组织内容体系，既有应知应会的专业知识，又有实训实操内容，更有道德情操方面的教导。知识技能的传授过程即是实践育人的过程，是对学生世界观、人生观和价值观的教育过程，是传承诚信品质、职业道德、敬业精神、社会责任和新发展理念，引导学生树立正确的国家观、民族观、历史观和文化观的过程。

（二）创新金融实验课程思政教学方法

金融实验课程思政教学方法对育人效果起着直接作用，应当与课程思政改革同步推进。在教育教学中，首先需要进一步转变传统的教学理念，更新方式方法，丰富课程思政教学案例，将思政内容潜移默化地融入知识传授中。金融实验课程教学方法的创新点很多，可以梳理提炼课程中普惠金融、绿色金融、风险防控等前沿热点内容，抓住学生的关注焦点，传播正能量；可以推送现代金融市场的鲜活案例，引发学生的情感共鸣，影响学生的品德和行为习惯；也可以创设金融素养专题教学，将思想政治教育自然融入技能传授，引导学生树立社会主义义利观，坚守道德底线和行业规范，做到“常在河边走，永远不湿鞋”。

其次，综合运用多样化的教学手段，结合项目教学法、案例教学法、任务驱动教学法、情景模拟教学法、自主学习教学法等，借助现代信息技术媒介，全面营造育德环境，提高学生实践操作能力。立信在金融实验课程教学实践中，立足校训“立信”，以校本资源为切入点，结合思政教育主题和学情，优化教学设计，灵活运用教法，深挖蕴涵在金融实验课程资源里面的思想人文元素，增强思想政治教育的渗透力和感染力，进而实现课程育人。

最后，丰富金融实验课程教学载体，打造高水平金融实验实训教学平台。立信建立的金融实验中心，设立了农行普惠金融实验室和智闪萤智能零售信贷实验室等校企共建实验室，将行业实务操作技能带入课堂。同时，利用教学软件等大数据操作系统，依托金融机构、软件科技公司资源，构建仿真的场景，用接近现实的教学实验模拟课程体系，让学生直观了解金融活动和金融产品，切身感悟现代金融市场从业者所需的职业习惯和道德涵养。如此生动活泼的形式更易于培养学生的专业素养和实操能力，更利于培养金融专业复合型创新人才，体现实践育人的要求，彰显课程思政的育德效果。

（三）提升金融实验课程师资队伍水平

高校教师育德水平的高低关系到学生素质提高的程度，进而影响到育人效果。正所谓“学高为师，身正为范”。教师作为课堂教学的实施者，其自身素质和思政素养对学生学业发展和成长成才均有深远的影响。高水平师资队伍有助于培养高质量金融人才。因此，提升专业教师的课程思政教学水平在新时期高校育人工作中显得尤为关键。

树立课程思政意识。教师要深刻理解金融实验课程思政教学的丰富内涵，清醒地认识到课程教学是知识传授、能力培养和价值塑造的有机统一。大学是人才培养的主阵地，大学课堂是课程思政建设的基础。高校只有顺应新时代高等教育发展趋势，通过强化教师的育人意识，将课程思政教育理念融入金融实验课堂，从教学目标、教学内容、教学设计、教学方法、教学载体、教学成果、教学价值等方面推进课程思政建设，才能真正发挥金融类学科的思想政治教育功能。

增强课程育人能力。教师在教学中加强思政教育，更需要懂得如何实施育人工作。立信经常组织课程思政教学讲座、培训、竞赛、公开课等，让教师在交流研讨中，丰富德育理论，增长教法导学方面的长干，收到了预期的效果。例如，召开“上海高校课程思政重点改革领航学院”建设研讨会，遴选了一批金融专业优秀育人案例，表彰了一批先进个人；举办课程思政设计大赛，聚焦金融实验课程教学创新，挖掘提炼育人元素；

与校外合作单位开展系列交流研讨活动，深化产教融合，推进实践育人。这些举措对于成就金融实验教学课程思政好教师都发挥了积极作用。

三、课程实施中值得注意的几个问题

（一）要处理好专业知识教学与课程思政教学之间的关系

财经类高校落实立德树人宗旨，打造“三全育人”格局，必须在课程教学中渗透思政元素。专业知识教学与课程思政渗透不是各自为政、各自游离，也不是简单叠加的“两张皮”，二者犹如车之两轮、鸟之双翼，在同一门课程、同一个课堂、同一位教师的传授和引导下，实现有机统一。具体来说，要在金融实验课程教学中，融育智和育德于一体，就需要在教材编写管理、日常教学授课和学科专业建设等全过程中发掘思政元素，用德育养料灌溉专业课程土壤，同时把专业优势、校园文化、行业资源转化为育人资源，浸润课程教学，以实现思想政治工作贯通教材体系、学科体系、教学体系和管理体系，营造“课程思政全覆盖”的良好氛围。

（二）要处理好专业知识评价与思政因素评价之间的权重关系

为进一步深化课程思政改革，在金融实验课程教学活动中，要重视完善课程评价体系，权衡好专业知识评价与课程思政评价之间的关系。专业教学评价有一套成熟的标准，而课程思政虽已推行多年，迄今仍无较完备的评价标准可依。这就容易想当然，主观随意、机械套用或者干脆直接照搬红头文件，既不严谨，也不科学。还是要从教学实际出发，结合学情，制订定性与定量相结合的德育评价标准。在教学全程评价体系中，应分层、分类地考核“价值引领”和“知识传授”双重教育目标，突出对学生成长、成才的关注，适当增加育德效果的评价比重，更好地落实课程思政在专业学科中的渗透。立信采用相关激励机制，通过开展课程思政教学名师评选活动，设置思政教学考察观测点，逐一考量专业课程中挖掘、展示、传输理想信念和价值观的效果，很好地实现了课程评价目标。

（三）要处理好金融实验教学课程思政与思政课程之间的关系

我们知道，思政课程与课程思政是两个不同的概念。思政课程即思想政治教育课，是学校依托马克思主义学院开设的马克思主义基本原理类和法律、道德、形势政策类等课程，均为相对独立的成体系课程。金融实验教学课程思政是指渗透课程思政的金融实验课，其思政因素是金融实验课程所固有的，是内生的，是“生长”在金融实验课里的思政。课程思政既然不是独立于金融实验课的，就不需要用思政课的方式授课，无须专章专节，单列单授。同时，思政课程与课程思政又有着千丝万缕的联系，其核心内涵都是育人。思政课程在课程体系中起着政治引领和价值导向作用，而课程思政是在专业课里进行思政教学，采用多样化手段挖掘潜在的思政素材，做好德育工作，这就与思政课程形成了相互补充、相辅相成、相得益彰的关系。在这方面，立信的金融学院与马克思主义学院就经常进行合作，通过聘请思政教师给金融学院教师开办讲座、培训，开展交流研讨等，指导金融实验课的课程思政教学工作，提高了专业课程教师的育德水平。

综上，要把思想政治教育贯穿于整个人才培养体系，寓课程思政于专业教学，就需要强化课程思政的先导作用，集智育和德育于教育教学一体，推动各类课程与思政课程建设同频共振，融合发展，从而筑牢高校“大思政”的育才格局，取得理想的育人效果。

参考文献：

[1] 高德毅，宗爱东．课程思政：有效发挥课堂育人主渠道作用的必然选择［J］．思想理论教育导刊，2017（1）：31－34.

[2] 毕鹏飞，罗萍．“课程思政”工作推行中存在的问题及解决路径［J］．教书育人（高教论坛），2019（27）：73－75.

[3] 龚红庆．课程思政视域下的高校传统文化育人路径探究［J］．北京印刷学院学报，2020（28）：200－202.

19　校企协同推进金融实验人才培养模式创新研究

王向进　许　毅　张　云*

摘要： 大数据时代，企业需要既掌握金融专业知识，又具备数据处理和应用能力的金融专业人才，这意味着社会发展对金融行业人才的需要发生了转变。校企协同共建金融实验室培养人才的教学模式转变是应用型高校高端复合金融人才培养的重要出路之一。传统的金融实验教学在教学体系、教学内容、软硬件配备、实验教师资源等方面存在问题。基于此，本文提出校企协同创新共建实验室合作模式，并分别从协同开发案例模拟实验、依托产学研基地获取技术支持、构建开放式实验教学和建立实验室组织管理办法等角度，探讨校企协同创新提升金融人才培养的举措。

关键词： 大数据；校企协同；实验教学；人才培养

一、引言

随着信息经济的迅猛发展，大数据作为重要的信息资源，与土地、劳动、资本、技术等其他要素共同创造经济价值。在大数据时代的背景下，数字经济惠及诸多实体行业，然而，大数据对金融行业的影响尤为深刻。金融业的发展高度依赖于大数据，并且大数据作为重要的要素被应用于金融行业相关机构的各个业务环节。因而，大数据挖掘和数据分析等应用技术的应用能力成为现阶段金融行业对专业人才的高阶要求，金融专业应用型高校应在培养既掌握金融专业知识，又兼具数据分析和应用能力的金融专业人才方面做出前瞻布局。

实验室是应用型高校教学的主要载体之一。实验教学不仅连接理论课堂要求学生巩

* 王向进，上海立信会计金融学院讲师，博士，研究方向：投资银行学。许毅，上海立信会计金融学院 2017 级金融学（浦江农行）H 班本科生。张云，上海立信会计金融学院教授，博士后，研究方向：金融模拟综合实验。

固掌握基础金融理论知识，更能够培养学生的大数据思维和数据实际分析应用的能力，是高校培养高端复合金融人才的重要途径（熊文渊等，2017）。同时，校企协同是促进高校实验教学发展的重要手段和途径，具体体现在建设实验教学平台、建设实验教学资源、改革试验教学模式三个方面（欧阳玉祝等，2016）。校企协同共建实验室充分利用企业和学校两种教育资源和教育环境培养学生的实践能力和创新精神，实现高校应用型人才培养的目标与金融企业用人标准之间的匹配。

综上所述，大数据趋势对金融行业的影响显著，同时对高端复合型金融人才的需要更加紧迫。那么，应用型高校如何在培养学生掌握基础金融知识的同时，通过实验教学的手段提高金融专业人才大数据能力的培养质量成为急需解决的现实问题。因此，本文在大数据时代的背景下，结合金融专业实验教学现状及校企协同共建实验室的优势特点，提出校企协同共建金融实验室的运作框架和具体实施方案，探索依托校企优质资源共建金融实验室的改革路径。

二、传统金融专业实验教学现状

大数据应用对人才的要求比较高，现阶段金融行业缺乏既懂数据分析，能够处理大量金融数据，又具备金融专业基础知识的人才。结合地方应用型高校在金融专业人才培养实验实践教学方面的特点，对金融专业实验教学现状进行如下总结。

（一）课程体系科学性欠佳、综合技能训练不足

现有金融专业实验课程体系和课程内容设置基本围绕以理论知识为基础，再展开验证性实验实践教学。固有的实验课程体系设置导致理论与实践联系不够紧密，且相应知识模块之间相互隔离，融合程度不足。另外，实验教学模块设置单一，基本是针对基础理论知识进行验证性实验，缺乏综合性和创新创业型的实验课程，导致学生的综合技能训练不足，适应大数据发展要求的应用能力仍有所欠缺。

（二）教学内容滞后于大数据时代发展需要

实验实践教学在金融专业人才培养过程中担任架通理论基础与实际应用之间桥梁的重要作用。现阶段，在金融专业人才培养过程中，大多数高校更加重视理论教学而轻视实验时间，或者说仅仅把实验教学作为理论教学任务完成之后的补充学习。例如，在完成银行、证券、保险等传统金融基础知识理论教学之后，再相应地开展商业银行综合业务、保险实务、证券投资模拟等业务实训（赵周华，2019）。这些实验实践的目标基本

是对传统金融基础知识的验证性教学，并未涉及对更高价值的金融大数据信息的收集、分析，以及关键金融数据信息的挖掘等方面的能力培养，无法满足大数据时代对于金融专业人才数据处理能力的要求。

（三）软硬件配备不足或利用不充分

良好的软件和硬件设施配备是保证金融专业实验教学质量的基础和基本条件。随着大数据对金融专业复合型人才培养要求的提高，应用型高校应当为金融实验教学配备独立的金融专业实验室及专业的实验教学软件。然而，部分高校相关金融实验室硬件设施基础薄弱，软件设施无法紧跟时代要求（张云等，2020）。除此以外，部分高校的实验室仅仅在授课时间针对本科生开放，而无法为学生提供自主研究和实验的支持，对已有的教学软件、数据库等实验实践教学资源并未深入开发利用，导致一定程度的设施资源闲置浪费和高校实验软硬件设施购置的动力性不足等问题（王薇等，2021）。

（四）专业的实验教师资源短缺

金融专业的数据应用性极强，对实验教师的要求更高，既要求具备扎实的理论基础知识，也要能够理论联系实际展开专业的实验教学。然而，既具备理论知识，又能指导实验的专业实验教师资源在多数应用型高校十分缺乏，大部分高校优秀的师资力量在理论教学方面水平很高，但是在开设大数据、互联网金融等要求较高的实验实践课程方面能力有所不足，在开设更加综合性和设计性的实验教学方面更加已所不及，该现状是导致金融专业人才在创新实践方面能力不足的部分原因。因而，对于应用型高校而言，专业的实验教师资源是培养符合大数据时代要求的高端复合型金融人才的重要保证。

（五）考核质量标准普遍不完善

完善的考核标准是测度学生是否掌握技能的标准和衡量实验教学效果的重要尺度。在实际考核过程中，多数高校金融专业的实验实践教学过程和考核标准不够普遍、不够完善，无法客观真实地反映教学效果。例如，仅要求学生按照要求完成实验内容，并留有实验记录、完成实验报告，然而任课教师对实验报告和实验记录的分析不够深入，无法真实准确地了解学生是否真正掌握实验技能和应用所学解决实际问题的能力。不完善的考核标准无法在教学过程和终端环节保证实验效果达到预期。

以上金融专业实验教学的现状无法保证应用型高校培养高端复合型金融人才的质量。因此，考虑应用型高校的资源优势，如何结合大数据时代发展的需求对实验教学进行针对性的改革，成为金融专业人才培养亟须解决的重要问题。

三、校企协同创新共建实验室合作模式

为应对大数据时代对金融专业人才的特殊要求和金融专业实验教学面临的诸多问题，应用型高校通过校企协同共建实验室联合培养高端复合金融人才。校企合作共建金融专业实验室是企业经营与高校教学供应的一种合作模式。高校通过实验教学培养应用技术型人才，加快向应用技术型高校转型。企业在面对供给侧结构性改革、生产与服务升级等新常态阶段问题时，寻求与高校合作前置培养和储备企业所需的新兴应用技术型专业人才（郑双阳等，2017）。校企双方通过将各自更多优势资源、专家结合起来，实现协同创新和资源共享的目的，从而为高校和企业培养具有综合应用和创新能力的金融专业人才。

在校企联合实验室建设初期尚缺可借鉴经验，导致部分问题逐渐显露，主要体现在如下三个方面。首先，校企双方合作层次不深，大多流于形式，企业更加重视经济效益，即使起初合作热情高涨，但当实验室运行阶段过后的合作效果和效益并未如期显现时，倒逼企业合作热情降低，校企双方互动和交流甚少。其次，校企双方未明确规定责、权、利，在实验室的实际运行中由于双方责、权、利缺乏制度保障，导致问题无法及时解决，从而妨碍实验室运行正常（周永生等，2013）。最后，校企融合度不高，高校的首要目的是培养人才，企业的首要目标是追求利润，双方目标冲突时会妨碍联合共建实验室的效果（刘宇雷等，2020）。

基于现实中校企联合实验室建设存在的问题，为促进校企协同向更深层次发展，互惠互利，合作共赢，可以从以下四个方面创建校企协同创新共建实验室合作模式（王薇等，2021）。

第一，搭建校企合作平台。高校金融专业的毕业生进入证券、保险等金融企业工作，经过资源累积逐渐成为企业的中坚力量。应用型高校可以充分利用校友会的便利条件为校企合作协同共建实验室吸引校友资源，搭建坚实的平台。

第二，培养企业所需复合型人才。大数据时代促使企业对金融专业人才的应用实践能力要求更高。因此，应用型高校应精准了解企业所需，并按企业所需培养专业人才。具体而言，可以通过与企业负责人力资源管理的人员深入沟通，从而在校企合作共建实验室时能够结合企业所需制定人才培养方案和教学体系。

第三，校企双方共享实验室资源。校企双方共建共享资源，一方面，应用型高校学生深入企业，充分借助企业资源开展实验实践学习（张路，2020）；另一方面，企业与高校教师共商实验方案，利用实验室资源开展金融业务模拟和人才培养。

第四，行业精英走进实验课堂。为打破金融专业人才培养与行业发展趋势之间的壁垒，应用型高校可以通过校企共建实验室的契机，邀请行业精英进入实验实践课堂，随时根据行业热点改革实验实践内容，合理完善实验教学体系和教学内容（魏芳，2020）。

四、校企协同创新金融实验室人才培养举措

（一）协同开发金融案例模拟实验

金融专业人才培养教学改革的基本思路是加强实验实践教学，而金融实验软件和项目的应用价值之一是案例素材的优良。案例素材构成实验教学的基础要素，而校企合作的产学研基地具有丰富的案例资源和实践优势，可以通过校企联合实践共同设计案例模拟实验（杨利红和冀鹏弘，2020），具体如图 19 - 1 所示。

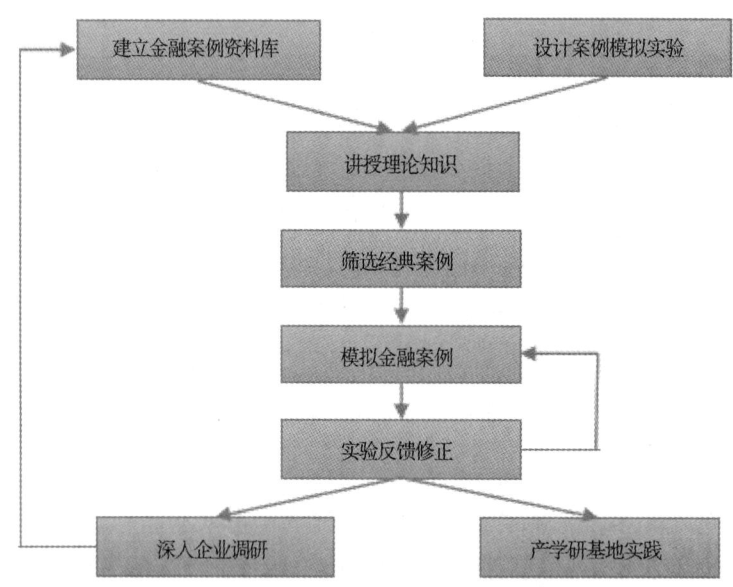

图 19 - 1　校企协同设计案例模拟实验流程框架

第一步：合作企业协助建立金融案例资料库，并开发金融案例模拟实验；实验课程授课教师结合理论知识讲授筛选经典案例。

第二步：根据实验内容设置，学生分组模拟金融业务情景。

第三步：教师引导学生对案例情景进行讨论分析，提出问题的解决途径，并与教师进行反馈沟通，教师根据学生的反馈修正案例实验教学方法。

第四步：教师带领学生深入企业调研，获取案例一手资料，充实金融案例实验库。

第五步：学生投入企业产学研基地，实习参观，通过实践提升学习能力。

（二）依托产学研基地获取实务专家的技术支持

实验设计质量和应用价值的关键决定因素是实验研发团队的技术能力。金融实验的研发团队不仅要了解应用型高校在大数据时代所面临的高端复合人才培养目标，又要熟悉金融专业实务的发展现状及理论前沿。依托校企合作的产学研基地合作单位，一方面可以获取设计金融模拟实验所需的经典案例资源；另一方面，可以获取长期从事资本市场实践或监管工作的经验丰富的专家为实验设计提供的专业技术支持（程锦等，2017）。行业专家与高校教师合作开发金融案例实验，探究实务操作的不同方法和观点，探索前瞻性的技术方案，对金融实验设计和教学水平的提升具有显著成效。

（三）构建开放式实验教学

校企合作共建开放实验教学模式，考虑学生知识应用能力、年级高低、科研兴趣的差异，以及未来发展方向的不同而设置差异化实验教学模式（王微等，2021）。

第一，依据学生掌握知识的能力和水平设计基础型、设计型和开放型三个层次的实验内容。这三个实验内容依次为必做、选做和自主性研究模块，依次设置与之配套的教学方法。知识应用能力一般的学生应用课余时间在开放实验室巩固实验操作；能力优秀的学生借助开放实验室中的提高型实验培养应用技能和研究创新能力。

第二，按照学生年级的递增，把实验教学划分为基础阶段、提升阶段和跨越阶段。基础阶段对应大一和大二的低年级学生，该阶段是验证性实验，目的是掌握实验基本操作能力及数据分析方法。提升阶段针对大三的学生，该阶段学生结合实际问题自行设计实验内容，从而提升独立探索和解决问题的能力。跨越阶段对应大四的学生，学生可以自主选择实验时间、场地和方式，如通过产学研基地实践，培养创新应用和数据分析能力（张维宾等，2012）。

第三，开放实验教学内容，高校教师、学生和企业人员共同参与金融实验项目内容的设计开发，根据高校应该培养的、学生感兴趣的和企业需要的等方面的偏好来设计实验项目，培养能够满足大数据时代高级需求的专业金融人才。

第四，校企合作搭建更多平台培养学生创新能力。竞赛平台：应用型高校与证券公司等金融企业搭建金融投资模拟交易大赛平台等，选拔优秀学生，培养学生投资实战能力。科研平台：鼓励学生参与高校教师与企业联合完成的科研项目，促使学生了解专业前沿，打下科研根基（施章清等，2016）。

（四）建立实验室组织管理办法

校企协同共建金融专业人才培养实验室，双方需签订合作协议。在协议中，务必明确规定校企双方责、权、利三方面的内容，并且企业方专家、负责人和高校学院负责人共同建立校企合作中心（王薇，2021）。校企合作中心的任务是负责组织协调金融实验室的开放，金融学院主管教学的负责人管理该项事宜。每学期末应由校企合作中心主持召开实验教学研讨会，企业方专家、负责人和高校学院实验教学教师和学生共同参与，深入研讨交流实验室工作效果，总结实验教学经验，并改正不足。

五、结语

大数据时代，校企协同共建实验室是培养金融专业人才的有效途径，是根据当前人才需求的发展趋势提出的重要举措。学生在校期间，通过实验学习和产学研基地实践，熟悉金融企业业务运作现状和发展前沿，在提升金融与数据应用能力和素养的同时，极大地增强了学生在职场就业的竞争力，实现了应用型高校实验教学和企业人才需要之间的有效链接。

参考文献：

［1］熊文渊，阮坚，王小燕．以“互联网＋实验教学”深化校企协同育人的路径探索［J］．实验室研究与探索，2017，36（8）：270－273.

［2］欧阳玉祝，蒋剑波，王广成．协同创新背景下的实验教学改革与实践［J］．实验室研究与探索，2016，35（1）：173－175＋205.

［3］赵周华．大数据背景下金融专业实验教学的现状及改革思路［J］．辽宁教育行政学院学报，2019，36（5）：66－70.

［4］张云，杨凌霄，李秀珍．Fintech 时代金融人才培养实验实训体系重构［J］．中国大学教学，2020（1）：24－30.

［5］王薇，朱志辉，侯程迅．基于校企协同共建的开放实验室建设路径探讨［J］．教育教学论坛，2021（1）：29－32.

［6］郑双阳，李杰辉，方杰．风险转移视角下的校企共建实验室创新模式［J］．实验技术与管理，2017，34（4）：251－256.

［7］周永生，陈群，何明阳，徐淑玲，孔泳．校企联合实验室的共建实践及功能探

索 [J]. 实验技术与管理, 2013, 30 (10): 208 -211 +215.

[8] 刘宇雷, 王勤, 佘明. "双一流" 背景下高校实验室建设路径探究 [J]. 实验室研究与探索, 2020, 39 (12): 242 -245.

[9] 张路. 互联网金融复合型人才实践能力提升路径研究 [J]. 教育教学论坛, 2020 (38): 315 -316.

[10] 魏芳. 互联网 + 时代投资学本科专业实验教学的方法分析 [J]. 科学咨询 (科技·管理), 2020 (4): 52 -53.

[11] 杨利红, 冀鹏弘. 建立案例模拟实验室, 创新管理会计教学模式 [J]. 实验室研究与探索, 2020, 39 (1): 229 -232 +302.

[12] 程锦, 张立峰, 王成彦, 陈立宏, 韩丽辉. 实验教学中心开放与共享平台建设 [J]. 实验技术与管理, 2017, 34 (10): 210 -214.

[13] 张维宾, 邵军, 张奇峰. 依托产学研基地提升会计实验教学成效——以开发企业并购与合并报表系列实验为例 [J]. 会计之友, 2012 (36): 126 -128.

[14] 施章清, 罗建林, 昝辉. 基于协同创新视角的大学生综合素养提升实践研究——以浙江师范大学文科综合实验教学中心为例 [J]. 实验技术与管理, 2016, 33 (4): 5 -7 +11.

20　情景模拟

——金融实验教学的重要工具

魏　玮*

摘要： 情景模拟，特别是包含角色扮演的情景模拟多用于语言类学科的教学，特别是中小学的教学，本文所提到的金融服务技巧课程将情景模拟应用于本科金融实验的课堂，充分调动学生的自主学习积极性，极大地提高了学生的参与率和学习效果及兴趣。本文通过介绍课程所设计的三个金融服务情景模拟实验，包括实验设计、实验过程、学生反馈、学习效果等方面，跟大家探讨情景模拟应用于金融实验教学的可能性和效果，以及实施金融实验教学的建议。

关键词： 情景模拟；金融实验；金融服务

金融服务技巧课程是本校金融学院开设的一门选修课，面向全校本科生开放，每次 4 课时，一共 6 次课，合计 24 课时。因为属于金融实验课，所以得以享有实验中心的资源与设备。很幸运的是，本课程不仅有资源与设备的基础支持，通过实验设计，特别是运用情景模拟角色扮演，学生能够全员参与，积极性高，热情高，教学效果好，也反馈给教师很多收获，本文希望通过介绍在本课程中情景模拟角色扮演的运用，和大家探讨提升学生参与度，从而进一步提升教学效果的方法与实践。

一、教学目标、教学内容及学情的综合考虑

该课程性质是实践教学课，通过案例讨论、课堂模拟游戏、课堂培训游戏等多种形式让学生在认知金融服务技能和技巧方面，包括服务礼仪、客户投诉处理等，能自主地将理论知识转变为实践能力。该课程目的是帮助学生了解金融行业服务营销和服务管理

---

* 魏玮，上海立信会计金融学院金融学院教师，博士，研究方向：消费金融、公司金融。

的基本概念，启发学生树立金融服务的意识，培养学生的服务技巧，帮助学生树立全心全意为人民服务的理念。本课程教学内容包括服务认识、服务准备、服务进行、服务危机、服务将来和服务关键，一共六个篇章，全过程带领学生全面了解服务、认识服务。

金融学院不仅设置有金融服务技巧这样的实验性课程，更设有金融学、投资学、商业银行管理等金融专业课程。不同专业的大二学生金融专业知识掌握的程度并不相同，即使是金融学类的学生，大二上学期也仅仅是刚刚开始金融学课程的专业学习。我们这门课的重点不是教会学生一个具体的金融学理论和模型，而是更多地加深学生对服务，特别是金融服务的整体理解和认识，以提升学生对金融领域方面的学习兴趣，树立更清晰的学习目标。

本课程班级学生一共有 55 名，均是大二上学期的学生，来自全校 13 个专业的 33 个班，其中男生 11 名，女生 44 名。班级和专业都很分散，女生占比 80%。对学生来说，这是一门 1 分的选修课，如何调动不同专业、不同班级男女生共同的学习热情，如何突破金融较强专业性的技术瓶颈，需要在教学设计特别是实验设计上分清主次，巧妙设计，同时深入考虑学生的接受与参与程度，避免学生不抬头、不说话、不参与的冷场情况出现。

二、实验设计及实验效果

除了大纲上的要求，我们根据 2020 年秋季上课时金融市场发展的情况与现实，增加设计了如下三个综合实验，覆盖服务从准备到进行到结束，包含危机应对的全过程。

（一）模拟基金销售和咨询基金的客户

1. 情景模拟实验设计及过程

2020 年 9 月中旬，“蚂蚁”准备上市之前，五支公募基金参与战略配售的消息在网上传得沸沸扬扬，借助支付宝、微信，还有各大微信公众号及财经网络的宣传，同学们也或多或少知道一些。9 月 30 日是我们金融服务技巧的第二次课，同学们对服务特别是金融服务已经有了基本的认识，我们把对参与“蚂蚁”战略配售基金的讨论搬进了课堂，具体的情景模拟题目是：“分组情景模拟，假设你和你的同事是销售基金的客户经理，有三名客户来向你咨询，要不要买有蚂蚁股票的基金，请你和你的组员自行商量，模拟这个场景。五人一组，要求每位同学都要扮演相应的角色，每位同学都要发言。”本实验为同学提供了充分的讨论及模拟空间，同学们原本私下讨论的话题，现在可以充分借助电脑、手机上的各种网络信息，包括计算，进行各种推理演绎。

在正式开始表演之前，除了给大家充足的时间讨论，也为大家简单介绍基金的基本知识，通过实验室的教学软件给大家展示如何找到基金信息，如何评价基金的好坏，每个投资者的偏好怎么影响投资者的选择。全班共 55 名同学，利用学习通随机分成了 11 组，每组 10 分钟情景模拟，教师随机挑选其他组同学对模拟组同学进行点评。要求所有同学都认真观看模拟，因为 1 个组情景模拟完成后，需要其他组同学为他们组整体打分。同时，考虑组内各成员表现差异，设置组内互评和自评，充分调动每个同学的参与积极性。

2. 实验效果：全员深度参与，都有收获

因为是随机分组，而且本身本授课班学生来源广泛，同班同学非常少，分组之后，基本都是不同班级、不同专业互不认识的 5 名学生组成一组，各个专业、各个班级学生的组合碰撞讨论都超出了自己原有的常规思路。在这次情景模拟中，做基金销售的学生，有的从基金产品配置出发，有的从基金经理过往业绩考虑，有的强调基金公司品牌，还有的从宏观大势着手，角度多样；而扮演客户的学生，问出了各种问题，如为什么这几个基金封闭期 18 个月，这个基金与别的基金相比有什么优势，客户怎么支付，怎么监控到自己的收益，风险高不高……这次模拟，全班 55 位学生全员参与，每个人都发言，并且提出了自己的问题，给出了自己的答案。看到大家认真地上网查资料、做笔记，还在小组里分配角色、讨论具体的环节，作为教师，也认识到学生真正地在自己学、自己想办法。

每一组学生在情景模拟时，教师都全程观察并拍照，11 组情景模拟完毕，各组组内、组间评价完成之后，教师也给予了总体评价和针对每一组的评价，学生积极记录自己的问题，为下一次模拟的改善做准备。评价完成之后，教师就相关基金的知识，给学生做进一步的说明，并介绍金融学院相关课程，帮助学生找到继续学习的途径和课程之间的连接。下课前给学生思考自己今天情景模拟的表现和收获，并通过讨论反馈给教师。从反馈来看，学生充分认识到服务的不容易，不仅需要专业技能和技巧，团队合作更重要，要学的还有很多（见图 20 - 1 和图 20 - 2）。

（二）模拟保险销售服务人员和客户

1. 情景模拟实验设计及过程

保险也是我们金融学的重要分支，而且大家接触的也很多。我们在情景模拟实验前先给大家抛出问题：“日常买过哪些保险？”学生们踊跃思考，最常见的莫过于大家购物时候的“退货险”，还有买机票时网站推送的航空意外险。在介绍了保险的基本知识和服务，包括销售和理赔等之后，我们关于保险的情景模拟也奏响了序章。这一次的情

图 20-1 情景模拟学生感受反馈

景模拟同样给学生们无限自行创作的空间，随机分组，每组里有保险服务人员，可以是销售，也可以是理赔；每组里还有客户，可以是来咨询、购买，也可以是来理赔或者要求其他服务的。考虑到若每组 5 人，要分 11 个组，组数略多，因此更改成随机分成 8 组，每组 7 人。同样有提前准备的时间，接着按随机产生的组序情景模拟，但这一次评价我们更多地考虑组内匿名评价和自评，去掉了组间评价。之所以这样，是因为在上次分组模拟时，我们观察到一个组在进行情景模拟的时候，其他组听得并不专心，而是继续着自己组的模拟。与其这样，不如让他们充分投入到自己的准备与模拟中去，我们取而代之利用照相、拍视频等给予模拟组充分的关注（见图 20-3）。

服务技巧
模拟体验
体验
不易
收获
开心
金融服务
蚂蚁
同学
老师
了解
客户
技巧
集团
感受
知识
团队合作
学习
基金
学到
帮助
很好
小组
金融
专业知识

图 20－2 关于基金的情景模拟学生感受反馈词云

图 20－3 关于保险的情景模拟现场

2. 实验效果：学生创意多，想象丰富，知识边界不断扩展

学生设置的情景模拟多种多样，很多保险服务连教师本人也是第一次知道。例如，宠物也有医疗保险；手机有碎屏险；住宿舍可以买宿舍财产险；出去攀岩要提前一天买特别的意外险，普通的意外险极限运动都不赔；手特别美、腿特别好看也可以买保险。学生们根据自己的需要，挖掘出各种各样的保险，并且自己安排角色，有的咨询，有的理赔，有的购买，服务人员见招拆招，介绍充分，可见准备做得很充分。同样地，学生们的情景模拟不仅惊艳了老师，他们自己也收获颇丰，在对本次模拟实验的反馈中也体

现了自己对收获的认可（见图 20－4）。

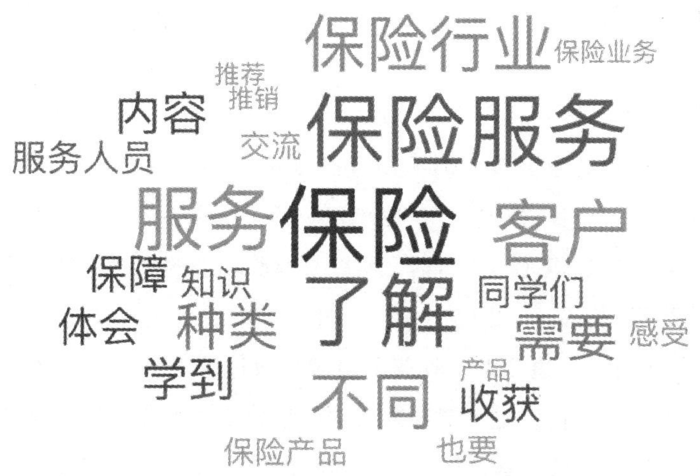

图 20－4 关于保险的情景模拟学生感受反馈词云

（三）模拟贷款者和银行信贷经理

1. 情景模拟实验设计及过程

金融最基础的一个部分就是借贷，因此本课程也设计了关于贷款的情景模拟。同样地，模拟正式开始前，教师对银行贷款和相应服务进行简单介绍，依然请学生们随机分为 8 组，每组 7 人，采取组内评价和自评相结合的方式，教师对每组观察、拍照和录像，同时每组完成后即时点评，并提醒其他组可以借鉴的地方，引起大家注意和学习。

2. 实验效果：从身边事开始观察，发现金融服务多样性

学生们情景模拟较多的依次是助学贷款、住房抵押贷款、留学贷款和消费贷款，体现出学生们从身边事情开始去了解的特点。通过学生们的介绍，教师也了解到即使留学这种在常规想法里认为是富裕阶层的升学途径，通过合理贷款也可以实现；住房抵押贷款里像招行一类的股份制商业银行也推出了类似居间服务的产品，即帮助收取二手房房款，过户手续办完后再进行房款转移……学生们也通过自己的发掘和其他同学、其他组的介绍了解到正规途径贷款的特点及校园贷的巨大风险。

三、实验教学反思

（一）学生的反思

通过类似前文介绍的情景模拟，本课程的学生们收获了亲身经历金融服务的体验，

也明白了金融服务的专业性、职业性和技巧性。在本门课程即将结束的时候，教师要求学生们就本课程的收获进行回顾，并通过学习通反馈。学生们的反馈很多、很丰富（见图 20－5），例如：

“在这门课上我当过客户，也当过经理。真的是要去做才会对一件事有更深的了解，在网上看再多，觉得自己懂再多，都不如自己真正去操作一次。从最初的基金，到保险，再到最后的贷款，让我对这几个金融产品有了大概的认识，但越去了解，就越觉得自己什么都不了解。还是印证了那句话，实践是检验真理的唯一标准。只有做了，才明白你是不是真的懂了。”

“在课上一边听讲，一边搜索，收获了很多！通过课上的几次情景演绎，亲身体验了金融服务行业人员的工作，更了解这方面的信息和相关服务，体会到了团队合作的力量，也加强了同学间的交流，锻炼了自己的表达能力，收获良多。”

“在本课程中了解到了金融服务业的一些技巧，之前以为服务人员只需具备专业的素养就够了，没想到其中还有那么多可以学到的东西。除此之外，老师结合实事让我们进行场景模拟，使我更深入地了解了相关热点，查询了很多专业名词，演技也得到了提高。总的来说，这门课程很值得！”

“金融服务这门课程让我对金融知识有了更多的了解，也让我体会到了金融服务没有那么简单。不仅要业务熟练，还要了解客户的需求，给其推荐合适的产品。情景模拟让我对服务的印象更深刻了。”

“真的收获了很多！可以理解那些客户经理的不容易，会反思一下自己是不是也会不经意间给别人的工作带来困扰。这样的形式很有意义，也让人有代入感和对职业的责任感，更让人印象深刻！相比之下，课程不会像纯理论那样无聊、单调。”

……

图 20－5 学生关于课程收获的词云

（二）教师的反思

收获学生很多反馈，看到他们讨论准备时热火朝天认真的样子和情景模拟时演员般的代入感，以及结束后听教师反馈并仔细记录，同组间小伙伴互相肯定的眼神，教师对这门课的教学效果也非常满意。回顾整个课程，教师只是个领路人，讨论具体什么产品，讨论产品的什么方面，都是学生自己确定主题，然后找素材，继而推进整个情景模拟。学生体会、感受到什么是金融服务，明白哪些地方需要服务技巧，懂得将来还要继续学习哪些知识才能拥有专业的、职业的金融服务技巧。总的来说，这门课的教学目标已经达到，教学效果也不错。然而，回顾整个过程，依然发现有诸多需要改进的地方。例如，组与组之间的观摩学习其实非常有用，听取别的小组的情景模拟，对于拓宽自己的知识边界很有帮助，怎么能让学生去主动听、主动看其他小组的情景模拟，而暂时放弃自己组的准备，这是个需要平衡的问题，是否安排某几个组互相评价，而其他组可以继续准备，都值得去尝试和评估。另外，这几个实验都是教师设计框架，有没有可能请学生自行设计实验框架呢？更进一步，如果是必修课，我们有没有可能也让学生采取浸入式情景模拟的方式来学习，充分调动他们的参与性和积极性呢？而浸入式情景模拟角色扮演本质上也是一种翻转课堂，值得一试。

四、金融实验建议

一个学期的金融实验课程金融服务技巧给学生带来了金融服务的浸入式体验，教师也收获了学生对金融服务的真实认识和感受。总结经验，关于金融实验，有三点值得重视。一是充分了解教学目标和学情，不仅要了解学生的专业和班级，了解教学的目标、内容和大纲，也要对学生后续课程，以及选择这门课的动机进行了解。明白这门课在学生学习体系中的地位，明白学生对这门课的期望，就能掌握这门课的教学灵活性，为将来金融实验设计奠定基础，也能为超出学生期望做出努力。二是在相对固定的大纲基础上，根据时事，以学生兴趣点为切入，尽量给学生机会主动学习、浸入式学习，如情景模拟角色扮演、游戏等形式。三是认真对待学生的付出，教师对学生的点评、肯定与建议，对学生来说也很重要，会让学生觉得不只是在完成任务，而是有观众的表演仪式。拍照、录像及用笔记录，观众效应的社会促进作用都会帮助学生和教师更好地完成每一次情景模拟。教学相长，良好的实验设计与完成，不仅促进学生成长，也促进教师更好地提升自己的课堂掌控能力与教学能力。

21 应用型本科院校金融人才培养模式的探索

奚元君 吴 良[*]

摘要：我国金融业的快速发展，对金融人才提出了更高的要求，应用型本科院校如何培养具有市场竞争力的应用型金融人才已成为亟待解决的问题。本文通过分析现行金融教育模式存在的问题，探讨解决问题的方法与对策。

关键词：金融教育；应用型本科；人才培养

随着我国金融市场的不断改革和发展，金融业对优质人力资源的需求越发高涨，亟需能很快投入工作、有实践操作经验和一定理论基础的复合型应用型专业人才。那么如何才能培养出适应现行社会经济、金融发展需要的应用型金融人才就成了当下众多高等院校对教育模式研究的重要命题。

现如今，社会上许多人认为所谓应用型本科，即有着本科分数线和文凭的专科技校，拿着本科的学费学专科技校的课程，夹在中间不伦不类，这种想法的产生显然不是应用型本科院校建立的初衷，在研究型综合大学和职业技术院校的双重冲击下，应用型本科院校必须要探索出一种有别于两者的、具有自己特色的金融人才培养模式，才能在差异化竞争当中扬长避短，突出重围。

一、我国应用型本科院校金融人才培养模式存在的问题

（一）人才培养目标定位与实务部门的需求不匹配

对于“厚基础、宽口径、重实践、强能力”的复合型应用型金融专业人才培养目

---

* 奚元君，上海立信会计金融学院 2016 级金融学 1 班学生。吴良，男，上海立信会计金融学院教师，讲师、经济师，主要从事金融、企业管理课程的实验教学和研究。

标，执行起来却是时有偏差，普遍存在重理论课程、轻实践教学，重理论体系、轻专业渗透的现象，导致学生对金融机构和企业相关部门的运营流程和具体工作不了解，甚至全然不知。事实上，学校所学理论知识在职场上真正用得到的少之又少，毕竟工作不是搞学术，未必用得到最前沿的新兴理论和模型。有些学生理论上或许满腹经纶，滔滔不绝，但实践起来动手能力却很差，这也是很多用人单位觉得现在的大学生“不实用”的原因之一。

（二）课程设置与复合型人才培养的目标不相吻合

我国现行的金融教育课程设置都重银行理论，轻资本市场理论；重宏观理论，轻微观理论；重国内金融理论，轻国际金融理论。这样会导致学生基础知识面狭窄，是偏离“宽口径”要求的。此外，在课时安排上，很多学校从大三才开始接触一定的实操课，实践能力的锻炼远远不够。

（三）注重理论知识的传承，缺乏应用能力和创新精神的培养

我国高等教育强调教学的系统性、逻辑性和完整性，比较注重教师的课堂理论讲授，学生基本上处于被动地位，这样限制了学生的思维空间，也降低了他们上课的积极性，不利于培养他们的创新能力、分析能力、实践能力及解决问题的能力。

（四）缺乏系统的、有针对性的实验实训教学体系

系统性方面，大部分高校实验课的教学体系中都存在门类不齐、内容不全的问题，如重银行、轻证券及衍生品的现状，而且单科课程的教学内容过于简单，脱离实际情况，学生随便浑水摸鱼也能通过考核；内容上也没有涵盖所有类型的业务。故学生的实践能力达不到用人企业的要求，职业的选择面也会变窄。

针对性方面，目前现有的实验课程基本都是大类教学，例如银行业务，基本是诸如点钞、翻打传票、模拟系统操作等柜面业务，其他运营部门的业务比较缺乏。应更加有针对性地进行细分，如对公业务、对私业务、中间业务等。

（五）学生缺乏进行专项实习、业务岗位训练的基地

很多普通本科高校并没有足够的实习平台和资源供学生实习，相关专业实习和毕业实习流于形式，绝大部分高校都是学生自己找实习单位，对实习的考核仅仅停留在实习报告的完成情况，这样就会存在通关系、买公章等滥竽充数的应付行为，极大地影响了学生实践能力的提升，对于应用型人才的培养和学生未来的就业是极为不利的。

（六）缺少既有扎实理论功底，又有多年行业背景的“双师型”人才

目前，大部分高校教师都是专职教师，他们普遍高学历，理论功底扎实，有的学术能力也十分出众。但其中不少教师自身的实践能力水平很欠缺，在对培养应用型人才上很难做到言传身教，即难以起到正确的示范作用和树立规范的教学标杆，故应用型本科院校针对师资力量应当要重视“双师双能型”教师队伍建设，即拥有教师和工程师、会计师、经济师、分析师等“双师”资格，兼具教学能力和实践能力的“双能”教师，这一概念起源于德国应用科学大学，他们认为只有应用型的教师才能胜任应用型的教学和研究。我国教育部的《关于引导部分地方普通本科高校向应用型转变的指导意见》也提出了这样的师资建设方面的主要任务，要培养“会上课、能下厂”的应用型教师，并于2019年正式出台了《深化新时代职业教育“双师型”教师队伍建设改革实施方案》。

二、我国应用型本科院校金融人才培养目标定位

国外著名大学的金融学专业发展模式主要存在以下两种：一种是经济学院模式，即在课程设置方面侧重金融理论和宏观经济问题，金融学与经济学融为一体；另一种是商学院模式，即关注金融领域的实践问题和微观问题，课程设置方面侧重于公司管理、金融市场相结合。我国应用型本科院校应更贴近商学院模式的建设要求，这一点上可以汲取一下国外典型商学院的经验，如美国的德克萨斯大学奥斯汀分校麦库姆斯商学院、康奈尔大学商学院和印第安纳凯莱商学院等。

我国在培养应用型金融人才时，应将培养学生专业素质作为主要目标，具体包括品德素质、理论素质及业务素质，这三大素质的养成有利于培养学生在各种类型的职场中的适应性，帮助学生在后续的生涯发展中脱颖而出，是我国应用型本科院校金融人才培养的“三驾马车”，缺一不可。

1. 品德素质，即具有强烈的法律意识，有良好的个人品质和职业道德修养是前提条件，是一切其他素质的基础。

2. 理论素质，即具有较高的理论水平和丰富的知识，不仅应掌握本专业的知识，还要了解其他一些专业的必备知识，有一定的不同专业知识的整合能力，并且还应该具备运用理论分析和解决问题的能力。

3. 业务素质，即具有处理实务的技能，掌握现代金融的业务操作技能，能使用各种业务工具，熟练运用公司财务和投资学知识来处理信贷或理财业务。会沟通，有团队

精神，具有竞争意识、营销能力，能够开拓客户与市场。同时，要有不断学习新知识，运用新知识来发现问题、改革现有做法的学习能力和判断能力。

三、我国应用型本科院校金融人才培养改革措施

（一）复合型、应用型的金融“通才”培养是方向

为响应国家教育部对应用型人才的宽口径要求，各大高校应改变当下专业划分的方式，以往的细化分流容易造成学生知识面狭窄，基础不够扎实。故拓宽专业口径，建设全方位覆盖、互相渗透的课程体系，有利于夯实学生的专业基础，加强学生的社会适应性，培养出应用型的金融“通才”。

（二）构建适应市场、面向未来的课程体系

在课程体系建设中，必须以市场为导向，以“面向现代化、面向世界、面向未来”为指针，及时设置、更新课程，淘汰过时的旧课程，增加新的内容，既要紧跟金融发展的客观实际，又要尽量体现现代化金融理论的发展成果；既要积极吸收现代科学技术发展的最新成果，大胆借鉴先进国家金融教育改革的有益经验，又要大力弘扬中华民族优秀的传统文化，培养和造就一代适应市场需求变化的金融人才。加强金融课程微观化建设，一方面是现有课程的微观化处理，即去掉脱离实际的过时或无用的知识，补充现实金融实践需要的新知识，并使这些知识更具有操作意义；另一方面是反映金融微观运行的新需要，设立一些新的微观金融课程，增设国际化方面的课程，在教材选用上要采用国外原版教材，加强课程的双语教学，使学生有更多的机会在学习中使用与掌握专业外语。突出金融学与相关学科的交叉性，在课程体系的设计上，要保证学生合理的知识结构和必要的教学实践内容，并有利于多学科间知识的交叉和互相渗透，使学生成为专业基础扎实、知识面广、实践能力强、综合素质高的复合型高级专业人才。这就要求院校在原有课程基础上增设一部分课程，如相关法律课程，并且注重金融学与数学、统计学、网络信息技术、法学、外语等相关学科之间的交叉和渗透。

（三）整合、优化实践教学体系，使其真正发挥在培训学生业务处理能力、综合能力训练方面的作用

真正从认识和实践上做到教验并举，整合、优化实践教学体系，充分利用现有各种实践教学资源，加大实践教学课程的比重，使实践教学不仅局限于理论与实际的结合和

拉近与实际业务的距离，还必须有助于提升学生将来职业发展的综合能力的训练与培养。

例如，目前各高校普遍开设的ERP沙盘模拟实验课程，作为世界500强企业中80%的中高层管理人员经营管理培训的首选课程，它可以让金融专业学生站在企业的角度，通过模拟企业实战环境，身临其境地感受作为一个企业经营者直面市场的精彩与残酷，让学生在分析市场、制定战略、组织生产、整体营销和财务结算等一系列活动中体会企业经营运作的全过程。模拟经营涉及供、产、销、财、物各方面，企业经营需要银行支持，现有沙盘系统中，企业向银行借款虽然受到权益的制约，但如果可以加入银行信贷角色，就可以站在银行的角度，针对企业每一年的经营状况和产品市场供求状况、发展前景等众多因素来分析判断能否给予贷款、给予多少金额、确定多少时间、决定如何定价、企业能够提供的担保银行是否能接受、能否充分保障银行贷款资金的安全等。该课程还能训练培养学生的团队精神与协作能力、大局观、责任心、应变能力、创新能力等职业能力。

（四）建立专项实习、业务岗位训练的基地

根据国家教育部出台的《关于引导部分地方普通本科高校向应用型转变的指导意见》的要求，要促进实验实训实习基地建设，按照工学结合、知行合一的要求，根据生产、服务的真实技术和流程构建知识教育体系、技术技能训练体系和实验实训实习环境。按照所服务行业先进技术水平，采取企业投资或捐赠、政府购买、学校自筹、融资租赁等多种方式加快实验实训实习基地建设。引进企业科研、生产基地，建立校企一体、产学研一体的大型实验实训实习中心。统筹各类实践教学资源，构建功能集约、资源共享、开放充分、运作高效的专业类或跨专业类实验教学平台。

（五）采取各种方式，提高实验教师整体综合能力

可以采用走出去、请进来相结合的方式。走出去，即定期将学校内部教师派往各金融机构、企业部门兼职工作学习，强化教师实践操作能力。鉴于平时教学任务已经相当繁重，建议将挂职锻炼置于寒暑假期间，但要注意时间上的规划，辅以一定的激励机制，保证教师不花费过多精力和体力的同时，也能调动他们的积极性；请进来，即从外部聘请来自各相关部门和机构的、拥有丰富工作经验和行业背景的权威从业人员及专家，担任学校的兼职教师或顾问，定时、定期为学生提供课程指导和讲座，为学生答疑解惑，带领学生逐步了解社会相关部门机构的运营机制和具体工作。

（六）改变职称为上的利益驱动格局

我国高校教师学历基本都是硕士和博士，但我国现行的硕士和博士的培养重在于学术研究，而非实践操作，大部分人对实务操作不甚了解；而且，我国高校教师职称考核机制的核心指标在科研，由于教师的根本利益在于职称，在利益驱动下，高校教师把更多的精力放在如何努力发表更多有含金量的学术论文，获得更多更高级别的研究课题上，而很少关心如何提高教学质量，如何通过研究解决行业、部门发展中遇到的现实问题，如何提高教育水平来培养学生。因此，应用型本科院校需要在师资队伍建设上做出改变，打造一支新的、与业界紧密联系的师资队伍。其中，核心是从根本上建立促进教师与实践结合的考核机制，注重引导教师从一味地学术研究走向行业实践，鼓励教师向"双师型"教师发展，同时在职称考核机制的核心指标上向"双师型"教师倾斜。

（七）整合、优化金融专业教学资源配置，适应金融发展新形势的要求

随着网络技术的不断发展，金融行业的日常工作对信息技术的依赖度也越来越高，所以高校需要改革原有的教学资源和环境，以适应现代信息化教学的要求。在人才培养方案的设置上，根据现实需要，应添加互联网金融、计算机网络等相关课程，以及目前行业常用业务软件的模拟训练，并增加这些课程在实践环节上的学时。在专业课程建设上，除传统的纸质材料外，应建设与之相对应的网络资源平台，包括电子课件、案例库、微视频、重难点 Flash 动画、试题库和在线测试等。现市面上有些教材上提供了二维码，师生用手机扫描二维码就可获得相关知识点的介绍和案例等，为学生的自主学习提供了便利。因此，高校可借助互联网平台将教学资源数字化、立体化地展现给师生，促进金融专业教学的信息化改革和教学质量的提高。

由于高校受经费和办学条件的制约，想要建设一系列与"互联网 + "相配套的教学资源是比较困难的，这就需要企业积极、深入地参与到高校的信息资源建设和日常教学中来。校企双方可共同研究互联网技术和金融市场的发展趋势，制定相对应的人才培养方案，并建立配套的信息资源平台，将互联网技术充分地应用到金融专业的教学上。此外，校企双方也应通过校内外的实训基地、大学生创新创业平台、远程互动教学平台等建设来加强对学生实践操作能力的培养。

（八）教学方法的优化

如采用案例教学，推广案例教学法。案例教学通过对各种经典案例的分析与讨论，有利于加深学生对所学专业理论的理解，培养学生理论联系实际、分析解决问题的能

力，增强学生实际操作能力，并能调动学生学习的积极性。

在教学中少一些死板的讲授，多一些开放式的讨论，分析讨论过程中需要每个学生能够逻辑清晰、语言流畅地表达出自己的观点，并且能够与他人交流沟通、商量讨论，从而增强学生的团队合作能力和沟通能力，也利于激发和强化他们的专业思维。

在案例教学法上可以仿效哈佛大学商学院的课程，安排是每天上午三节课，每节课80分钟，上午一般安排一个案例。学生需要先独自完成案例阅读和分析，然后在学习小组里集体讨论，第二天再在课堂上分析讨论。因此，哈佛商学院的学生通常都要花很多时间来学习，课前需要预习案例，课后需要完成作业以及预习下节课的案例，每天的学习时间为13—18小时，第一年学习的案例要达到300多个。这种教学模式安排紧凑，务实性贯穿始终，理论教学穿插于案例讨论中，这种理论与实践相结合的教学方式正是与我国应用型本科建设定位相吻合的。

（九）校企合作

所谓校企合作就是学校和诸如银行、证券公司的相关机构和企业合作开设专业，共同设计教学目标和人才培养方案。这种方式有诸多好处，最主要的是企业方可以直接对接提供实习岗位，解决实习资源问题，同时毕业生也可以直接定向就业，对企业来说还能省去不少培训成本和时间，学生可以直接投入一线工作。

当前我国应用型本科校企合作仍处于起步阶段，采用的合作模式还停留在订单班的形式上。订单班模式对于高校探索校企合作初期较为适用，签订订单合同，按照企业的要求和建议，为其设定定向培养方案，设计与企业岗位相适应的教学活动，满足企业专项人才的需求。但单一、复制性的校企合作方式，不能凸显不同学校的自身优势，也无法满足不同企业的不同需求。因此，着眼应用型本科校企合作的长期发展，多样性、特色性的合作模式更能发挥学校优势，为企业和机构提供更具有专业性的特色型人才。

还有一个亟待解决的问题，通常企业方对于和学校合作开设专业积极性不高，源于他们主要以营利为目的，对于教育领域这种“长期风险投资”无暇顾及，也不感兴趣，所以双方的协商和沟通工作相当重要，最好政府也能对此类合作项目提供激励和资助，以调动企业方的参与积极性。

参考文献：

［1］王永生，张渝．应用型本科金融人才职业能力培养探讨——以应用型本科金融专业为例［J］．重庆科技学院学报（社会科学版），2020（1）：119－122.

［2］袁雪，李泽民，尹晓梅．“互联网＋”背景下应用型本科金融专业校企合作人才培养模式探析［J］．辽宁科技学院学报，2019，21（1）：43－44＋51．

［3］高华．应用型本科金融专业人才培养模式创新探究——从企业用人标准［J］．现代商贸工业，2017（8）：165－166．

［4］夏守和，张军．应用型本科院校金融专业校企合作人才培养模式研究［J］．科技经济导刊，2019，27（24）：127＋126．

［5］徐一娉，代成成．应用型本科校企合作人才培养机制研究——以武汉商学院经济与金融专业为例［J］．科技创业月刊，2018，31（1）：93－95．

［6］唐志武．地方高等院校金融专业应用型人才培养模式探讨［J］．中外企业家，2010（6）：219．

［7］陈新林．金融专业“订单式”人才培养初探［J］．深圳信息职业技术学院学报，2008（1）：41－44．

［8］张惠茹．应用型金融专业人才培养模式探索［J］．价值工程，2010，29（25）：36－38．

［9］李斯．国内外金融专业人才培养模式的比较研究［J］．中国商论，2016（14）：181－183．

［10］吴顺达．关于应用型金融人才培养模式的几点思考［J］．长春金融高等专科学校学报，2007（3）：46－49．

［11］高小敏，李茂盛，刘超．应用型金融专业人才培养的校企合作研究［J］．知识经济，2011（10）：149－150．

［12］王周伟．应用创新型金融技术人才培养的创新教育体系思考［J］．金融教育研究，2012，25（3）：81－84．

［13］汪陈，刘珺．经济新常态下应用型本科高校金融专业人才培养质量提升路径［J］．长春师范大学学报，2019，38（6）：149－152．

［14］安凤娇．基于“互联网＋”的应用型金融人才培养模式探究［J］．信息系统工程，2019（5）：166＋168．

［15］余秀荣．国外“商学院模式”下金融学专业人才培养模式改革研究［J］．上海商学院学报，2015，16（2）：116－120．